문화대혁명

첫단추 시리즈

문화대혁명

리처드 커트 크라우스 지음
강진아 옮김

교유서가

교양 있는 야수,

앤서니 크라우스(Anthony Kraus)에게

일러두기

- 원문은 각주 및 미주가 없으며 모든 주는 옮긴이의 주이다.
- 원문은 영어권 일반 독자의 손쉬운 이해를 위해 인명, 조직명, 캠페인 등 고유명사를 모두 영문으로 풀어쓰고 있다. 한국어 독자를 위해 중국어 원명 및 한자를 부기한 것은 모두 옮긴이가 추가한 것이다.
- 원문에는 중국어 문헌자료의 직접 인용문이 많은데, 찾을 수 있는 범위 내에서는 중국어 원문을 찾아서 역주에 첨부하였다.
- 등장인물의 생몰년 및 한자명은 옮긴이가 추가한 것이다.
- 독자의 문장 이해를 돕기 위해 옮긴이가 추가 삽입한 부분은 〔 〕로 처리하였다.
- 원문에서 원래 삽입된 부분은 동일하게 ( )로 처리하고, 추가한 중국어 원명 및 한자, 이해상 영어 원문을 병기한 경우 역시 ( )로 처리하였다. 다만, 한문과 원문 삽입에서 괄호가 겹치는 경우 ( )와 〔 〕를 겸용하였다.
- 원문에 연도, 인명 등의 소소한 오류가 보이나 옮긴이의 판단 오류가 있을 수 있으므로 가급적 원문을 존중하였으며, 교정 후 바꾼 내용은 역주에서 밝혔다.

차례

· 머리말 008

1. 도론: 중국의 끝나지 않은 혁명 011

2. '정치가 총지휘' 049

3. 문화: '낡은 것을 타파하고 새로운 것을 세우다(破舊立新)' 083

4. '자력갱생'의 경제 117

5. "우리는 전 세계에 친구가 있다":
문화대혁명의 전 지구적 맥락 153

6. 문화대혁명 이해하기 183

· 연혁 212
· 문화대혁명의 주요 인물 215
· 참고문헌 218
· 추천 도서 220
· 독서 안내 224
· 웹사이트 229
· 주 230
· 역자 후기 246
· 도판 목록 251

머리말

중국의 프롤레타리아 문화대혁명은 1966년부터 1976년 사이에 중국과 세계의 정치를 뒤흔들었다. 혼란과 새로운 시작, 오랜 원한의 청산이 이루어지는 와중에 가족은 헤어져 뿔뿔이 흩어졌고 경력은 뒤집혔으며, 교육은 중단되었고 획기적인 정치적 실험이 시도되었다. 문화대혁명은 중국인의 모든 삶을 지배했다.

그러나 이 운동은 그 급진성과 야심찬 규모, 10억 명에 가까운 이들의 삶에 미친 영향을 두고 여전히 논란의 대상으로 남아 있다. 복잡하고 때로는 모호하며 지금까지도 고통스러운 이 시기를 이해하기란 그리 쉽지 않다. 이 책은 〔문화대혁명에〕 나름의 일관된 서사를 제공하고자 한다. 다행히 지금은 중국 안팎으로 학술연구, 회고록, 대중문화 분야에서 중요한 문헌들이 간행되어 활용할 수 있게 되었다.

문화대혁명은 폭력적이었지만 영감과 사회적 실험의 원천이기도 했다. 문화대혁명은 왜 사람들을 그토록 고양시켰으며, 왜 그렇게 많은 사람들에게 환멸을 주었을까? 이 질문에 답하려면 문화대혁명을 단순히 부조리하고 잔인한 사건으로 치부하지 않고 진지하게 받아들여야 한다.

우리가 문화대혁명에 대해 알고 있는 것 중의 상당 부분이 잘못된 것으로 밝혀졌다. 예를 들어 문화대혁명은 표면적으로 1966년에 시작되었지만 문화대혁명의 대부분의 주요 특징들은 그보다 약 2년 전부터 이미 나타나고 있었다. 또한 홍위병에 참가한 사람들은 서양인들이 생각하는 것보다 훨씬 더 광범위했다. 하지만 청년운동의 전성기는 2년이 채 되지 않을 정도로 〔우리가 생각하는 것보다〕 훨씬 더 짧았다. 예술정책은 파괴적이었지만 중국 문화를 근대화하기 위한 장기적인 계획의 일부이기도 했다. 문화대혁명은 경제를 뒤흔들었으나 붕괴시킨 것은 확실히 아니었다. 이는 경제가 상당한 속도로 성장했기 때문이다. 문화대혁명은 중국의 고립에도 불구하고 훗날 〔개혁개방 이후〕 중국이 신자유주의 세계경제를 위한 제조업 플랫폼으로 변모하는 토대를 마련했다. 오늘날 중국에서 문화대혁명은 결코 망각되지 않았을 뿐만 아니라 중국 정부는 문화대혁명에 대한 논의를 금지하지도 않고 있다.

문화대혁명의 이야기는 복잡하다. 중국 정치에 대해 글을 쓸 때 튀어나오기 마련인 전문용어는 최소화하려고 노력했다. 다만 중화인민공화국의 당 또는 국가 관료를 지칭하는 '간부(幹部, cadre)'라는 생소한 단어에 대해서는 독자들의 주의를 바란다. 이 단어는 서구에서처럼 집단을 가리키는 말이 아니라 관료 개개인을 지칭하는 것이다. 또한 생소한 중국의 지명은 가능한 한 적게 쓰려고 노력했는데, 그러다보니 문화대혁명이 부당하게 더욱 베이징 중심적으로 보일 수도 있을 것이다. 실제로 문화대혁명은 지역적으로 다양한 특색을 보였던 격렬한 전국적인 운동이었다. 또한 정치 캠페인의 명칭들은 서양의 공공생활(public life)에서보다 더 큰 역할을 담당한다. 중국인들에게 정치 캠페인의 명칭은 본질을 감춘 신비화가 아니라 문화대혁명의 다양한 흐름에 대한 정치적·정서적 평가를 할 때 기억의 소환을 돕는 표기이자 문맥을 제공하는 것이다.

제 1 장

도론: 중국의 끝나지 않은 혁명

중국의 프롤레타리아 문화대혁명(文化大革命)[1]은 1966년 5월에 시작되어 1976년 마오쩌둥(毛澤東, 1893~1976)이 사망할 때까지 계속되었다. 이 운동은 중국인의 5분의 4가 농민이었기 때문에 현실이 아닌 열망의 차원에서 프롤레타리아〔무산 노동자계급〕운동이었다. 또한 운동의 가장 일관된 목표 대상(target)이 예술과 대중적 신념이었다는 점에서 문화적이었다. 문화대혁명은 그 자체로 위대한 혁명은 아니었다. 왜냐하면 많은 소란을 야기했어도 국가를 뒤흔들었을 뿐 전복시키지는 못했기 때문이다. 대부분의 혁명과 마찬가지로 이 혁명 역시 그리 오래 환영받지는 못했다. 그래서 이 소란스러웠던 10년을 〔1921년 공산당 창당 이래〕 100년에 걸친 중국 혁명의 궤적에서 마지막이자 아마도 최종적인 공세로 간주해버리고, 그 이후에야 중국은 현대 국가 건설이라는 과업에 본격적으로 착수했다고 생각하고 싶은 유혹이 든다.

중국의 현 지도자들은 홍위병 출신이 많지만 마오쩌둥주의의 중국과 오늘날의 중국 사이의 연관성을 찾는 데 거의 관심이 없다. 오히려 그들은 자신들의 젊은 날에 대한 거북한 논의는 피하고 그 시절의 일로 서로 비난하지 않기 위한 암묵적인 합의를 고수한다. 서방의 언론들은 (서방세계의 상점에 물건을 가득 채워주고 서구에서 빌린 채무를 잘 갚고 있는) 좋은 중국과 (한때 세계적으로 서방 세력의 한계를 나타냈던) 나쁜 중국을 극명하게 대조시키고 싶은 유혹을 받고 있다. 그러나 마오쩌둥을 단순히 미친 폭군으로 규정하고, 중국의 **진정한** 현대사는 그의 사망과 함께 시작된다는 식으로 설명하는 것은 문화대혁명의 종언 이래로 일어난 급격하고 전반적인 사회변동의 중요한 측면을 놓치는 것이다.

이와는 대조적으로 이 책에서는 1960년대의 고립되고 궁지에 몰린 중국과 오늘날 새롭게 부상한 세계 강대국인 중국 사이의 연결고리를 모색한다. 이 두 중국은 우리가 때때로 바라는 것처럼 서로 정반대의 모습이 아니다. 20세기의 다른 중국의 지도자들과 마찬가지로 마오쩌둥 역시 강하고 현대적인 중국을 원했다. 문화대혁명의 일부 정책들은 이러한 목표

N
러시아
카자흐스탄
키르기스스탄
신장(新疆) 위구르자치구
타지키스탄
아프가니스탄
파키스탄
간쑤성
(甘肅省)
칭하이성(青海省)
티베트(西藏)
네팔
부탄
인도
방글라데시
윈난성
(雲南省
버마
(미얀마)
0
300 mi
0
500 km
타이

1. 중국 지도

헤이룽강
(黑龍江)
몽골
지린성
(吉林省)
랴오닝성
(遼寧省)
동해
(원문은
일본해
—옮긴이)
내몽골
북한
베이징(北京)
톈진(天津)
허베이성
(河北省)
대한민국
닝샤성
(寧夏省)
옌안
(延安)
산시성
(山西省,
Shanxi)
산둥성
(山東省)
황해
황허강(黃河)
산시성
(陝西省,
Shaanxi)
허난성
(河南省)
장쑤성(江蘇省)
일본
안후이성
(安徽省)
상하이(上海)
쓰촨성(四川省)
양쯔강(揚子江)
후베이성
(湖北省)
충칭
(重慶)
저장성
(浙江省)
동중국해
후난성
(湖南省)
장시성
(江西省)
구이저우성
(貴州省)
푸젠성
(福建省)
광시성
(廣西省)
광둥성
(廣東省)
타이완(臺灣)
주강(珠江)
선전(深圳)
홍콩(香港)
마카오(澳門)
베트남
태평양
하이난성
(海南省)
남중국해

에 기여했지만 다른 정책들은 놀랄 만큼 도움이 되지 못했으나 다만 오늘날 중국이 따르고 있는 독특한 방향에는 보탬이 되었다.

문화대혁명을 역사적인 늪으로 치부하여 멀리하기보다는 현재 세계와의 연관성을 강조함으로써 이 다소 민족주의적인 중국의 운동을 세계적인 맥락 속에 위치시킬 수 있다. 문화대혁명은 1960년대와 1970년대에 일어난 급진적인 젊은이들의 전 세계적인 운동의 일환이었다. 구미의 시위대는 중국의 반란자들에게 정서적인 연대를 느끼거나 상상했으며 이를 자랑스러워했다. 문화대혁명 기간 동안 중국과 미국은 리처드 닉슨[2]의 1972년 방문으로 오랜 적대감이 완화되고 아시아의 국제정치를 재편했으며, 중국이 향후 수십 년간 눈부신 경제 성장을 이룰 수 있는 발판이 되었다. 문화대혁명과 그에 따른 반좌파 숙청은 중국의 관료제에 너무나 심각한 타격을 가했기 때문에 나라 전체를 세계화된 산업의 거대한 작업장으로 만든 정책에 대해 제대로 된 의문을 거의 제기하지 못했다.

중국 혁명에서 근대화와 민족주의

근대 중국 혁명의 인습 타파의 전통은 실패로 끝난 19세기 중반의 태평천국운동(太平天國運動, 1851~1864)에서 시작된다. 이 운동은 약하고 부패한 청(淸) 왕조를 타도하기 위한 가장 피비린내나는 노력이었고, 청조(淸朝)는 마침내 1912년에 몰락했다. 처음에는 쑨원(孫文, 1866~1925)이, 이후에는 장제스(蔣介石, 1887~1975)가 이끈 국민당(國民黨)은 중국을 통합하고 근대화하려는 지속적인 노력을 통해 혁명을 보다 근대적인 모습으로 변화시켰다. 국민당에 공산당(共産黨)이 합류하면서 양당은 처음에는 동맹으로 나중에는 내전에서 경쟁자로 맞섰는데, 이에 따라 혁명이 얼마나 극단적이 될지를 결정되었다. 1949년 국민당이 타이완으로 후퇴하면서 중국 본토에서는 사회주의혁명이 성공을 거두었다.

하지만 문화 분야의 혁명은 이제 막 시작된 단계였다. 20세기 중국을 휩쓸었던 여러 혁명의 물결은 모두 문화를 변혁하는 데 열정적으로 관심을 기울였다. 많은 사람들이 청 왕조의 몰락은 1905년 과거시험의 폐지로 예고되었다고 입을 모은다. 그 이유는 수세기 동안 이어져온 교육, 신분 상승, 사회통제, 이데올로기적 지배 등의 연결고리가 끊어졌기 때문이다.

1912년 중화민국(中華民國)이 수립된 후 혼란스러웠던 10년 동안 근대화를 지지하던 중국의 지식인들은 1919년의 5·4운동(五四運動)을 주도했다. 5월 4일에 발생한 시위 자체는 제1차세계대전이 끝날 무렵 일본이 종전에 독일이 중국에 가지고 있던 영토 특권을 가져간 것에 항의하는 것이었지만,

5·4운동의 활동가들은 훨씬 더 광범위한 근대화 의제를 품고 있었다. 5·4운동은 이후 수십 년간 중국의 지적(知的) 생활을 지배하면서 사회적 진보와 근대화를 가로막는 주요 장애물을 가부장제, 토지 소작제의 지지, 외국 문물의 학습을 반대한 유교 문화로 간주하였다. 5·4운동의 근대화론자들은 과학이 약속한 해방과 민주주의의 변혁적 잠재력을 믿었다. 그런데 이들은 동시에 지식인들에게 중국을 이끌어갈 특별한 사명이 있다고 주장했는데, 이는 사실 자신들이 반대했던 유교와 크게 다르지 않은 특권적 지위였다.

중국의 혁명정치는 근대화를 추구했을 뿐만 아니라 민족주의적이었다. 파업, 시위, 외국 기업에 대한 보이콧으로 점철되었고 급기야 일본의 침략이라는 거대한 사태에 압도당했다. 비평가들은 5·4운동가들이 중국을 자국의 뿌리에서 멀어지게 하고 서구화시켰다고 비난했지만, 제국주의에 대한 분노 때문에 실제 그런 일은 일어나지 않았다. 장제스의 국민당은 미신을 공격하고 사원을 폐쇄하며 봉건적 신상(神像)을 파괴하고 중국에 새로운 도덕성을 촉구하는 '신생활운동(新生活運動)'을[3] 조직했으나 이후에는 이와 같은 급진주의에서 멀어졌다.

5·4운동의 영향을 크게 받은 신생 공산당은 일찍부터 문화 변혁을 강조했다. 그러나 1935년 마오쩌둥이 당의 지도자

로 등극한 이후 문화는 새롭게 핵심적인 전략적 역할을 담당하게 되었다. 1921년 공산당을 창당한 주역 중 한 명인 마오쩌둥은 1934년에서 1935년 국민당군에 포위된 남중국의 근거지에서 공산당 반군을 이끌고 서북의 외딴 도시 옌안(延安)으로 이동하면서 당의 최고 지도자가 되었다. 대장정(大長征)으로 알려진 이 1년에 걸친 전략적 후퇴로 공산군은 핵심 역량을 보존할 수 있었지만, 중국공산당은 자신들을 맞아들인 현지 농민들과의 관계를 재고해야만 했다.

마오쩌둥은 일본과의 전쟁이 격화되면서 중국공산당이 중국 농민들의 지지와 신뢰를 얻어야 한다는 사실을 깨달았다. 공산당은 이 과제를 달성하기 위해 〔옌안에 따라온〕 도시 지식인들과 전직 노동자들을 재교육하는 프로그램을 마련했다. 1942년의 정풍운동(整風運動)에서는 엘리트주의적 방식이 의식적으로 거부되었고 때로는 자긍심에 차서 농민의 미덕을 찬양했으며, 농민 청중에 호소하여 혁명적 가치를 전파할 목적으로 일련의 예술작품들을 제작했다. 정풍운동은 일본 침략자들과 국민당에 맞서 싸울 수 있는 당의 역량을 강화시켰지만 동시에 5·4운동의 세계주의적(cosmopolitan) 경향을 억압했으며, 수입 음악과 드라마보다 농민 예술을 선호했다. 1945년 공산당은 유명한 농민 무용(秧歌, 양거)을 중국식 가극〔〈백모녀(白毛女)〉〕과 발레로 각색했고, 당의 지식인들에게 농민들이 접근하기 쉽게 구어체로 글을 쓰도록 장려했다.

예술은 정치에 이바지하기 위한 것이었다. 또한 마오쩌둥은 예술적 수준이 높을수록 더욱 설득력 있는 선전을 할 수 있다고 강조했다. 옌안의 지식인들 대부분은 새로운 토착주의(nativist) 노선에 기꺼이 동조했다. 지식인들은 가극 〈백모녀〉를 관람한 농민 관객들이 사악한 지주 역을 맡은 배우를 죽이고 싶어하는 것을 보고 그 효과를 실감할 수 있었다. 그러나 일본이 패전하고 다시 국민당이 도주한 후 승리한 홍군(紅軍)이 중국의 각 도시로 진군하고, 공산당이 내륙의 게릴라 근거지가 아닌 고도화된 국가를 통치하게 되자 옌안방식의 많은 것들은 철폐되었다. 당의 문화적 의제가 확대되면서 옌안에서는 버려야 했던 세계주의적 성향이 다시 일부 받아들여졌다. 어느 공산주의 화가는 베이징이 해방되기 전날 흥분한 목소리로 이렇게 외쳤다. "드디어 유화를 그릴 수 있겠구나!"

건국 이래 17년

혁명적인 중국의 첫 10년은 대체로 성공적이었다. 참혹한 내전 이후 새로운 중화인민공화국은 사회질서를 회복했다. 토지개혁과 새로운 경제 프로그램은 극적인 경제성장을 가

져왔다. 한국전쟁에서 미국을 상대로 거둔 군사적 성공은 베이징에 대한 새로운 존경심을 불러일으켰다. 고등교육의 확대는 더 나은 중국 건설을 열망하는 지식인들을 기쁘게 했으며, 예술은 영감을 위해 외국과 국내 전통으로 눈을 돌렸다.

공산당 지도자들 사이에서 우왕좌왕했다는 첫번째 중요한 징후는 1956년에서 1957년까지의 백화제방(百花齊放) 캠페인[4]에서 나타났다. 1956년 마오쩌둥은 경제생활의 순조로운 '사회주의 개조' 이후 지나친 자신감에 사로잡혔고, 비당(非黨)[5] 지식인들에게 공산당을 비판하는 것도 괜찮다며 공적인 사안들에 대해 마음껏 발언하도록 독려했다. 많은 지식인들이 처음에는 주저하다가 마침내 '백화제방'의 호소에 반응해 당이 예상했던 것보다 더 많은 쓴소리를 쏟아냈다. 1957년 지도자들은 갑자기 노선을 바꾸어 '백화'의 자유주의를 포기하고 우파를 공격하는 격렬한 캠페인(반우파투쟁反右派鬪爭)을 벌였다. 그 결과 100만 명의 지식인들이 '우파분자'로 분류되어 많은 사람들이 직장을 잃었고, 일부는 노동 개조 수용소로 보내져 이후 20년 동안 수감생활을 해야 했다.

비판자들을 침묵시켰던 것이 1958년의 대약진운동(大躍進運動)을 부추겼다. 이 운동은 중국의 가장 큰 자원인 노동력을 동원하여 경제성장의 제약을 극복하려는 대대적인 시도였다. 대약진은 몽상적이고 사람들을 들뜨게 했지만 결국은 잘못된 판단이었다. 새로 설립된 농업합작사는 조직 개편으로 생산력을 증진시키기 위해 더 큰 인민공사(人民公社)로 통합되었는데, 이때 탁아와 식사까지 공동으로 시행하게 되었다. 대약진은 농촌 공장, 도로, 교량 등의 신설로 인프라 분야에서 중요한 변화를 일으켰지만 행정상의 피드백이 부족했던 탓에 생산 목표의 비현실성이 더욱 심해졌다. 하급 관료들이 '우파'라는 평가를 받게 될까봐 두려워한 나머지 상사들에게 너무 성급하게 모든 분야에서의 성공을 장담했던 것이다. 당은 정치적 감화로 고무된 아마추어가 해낼 수 있는 공헌도는 강조하면서 전문가가 제시하는 제약은 폄하했다. 거대한 공공사업 프로젝트들이 추진되었다. 그중 일부 캠페인은 성공적이었으나 잘못 구상된 '뒷마당' 용광로[6]나 참새 퇴치 캠페인[7]처럼 완전히 현실성 없는 것들도 있었다.

대약진운동으로 인해 여러 성(省)에서 농업생산이 붕괴되며 대기근이 발생했다.[8] 근거 없이 낙관적인 생산량 수치에 기초하여 운영한 결과, 정부는 농업생산에 필요한 자원은 줄이면서 곡물 수매 할당량은 늘렸다. 질병과 영양실조로 인해 1960년에서 1961년에는 약 2,000만 명에서 3,000만 명이 사망했다. 이는 20세기 최대 기근이었다.

당은 이러한 재앙을 뒤늦게 인지했다. 1959년 봄 마오쩌둥은 대약진이 제대로 진행되고 있지 않다는 사실을 인식하고 혁명운동 시절 공산당 지하조직의 베테랑 지도자였던 류사오치(劉少奇, 1898~1969)에게 국가주석직을 넘겨주고 자리에서 물러났다. 그해 말 몇몇 고위 당 지도자들은 대약진운동이 제대로 관리되지 않았고 지나치게 야심적이었으며, 인민과 소통하지 못했다고 비난했다. 국방부장이자 베테랑 혁명가인 펑더화이(彭德懷, 1898~1974) 원수가 비판을 주도했다. 마오쩌둥의 반응은 격렬하고 가차 없었다. 펑더화이 원수의 숙청은 마오쩌둥에 대한 당의 개인숭배가 얼마나 견고하게 구축되었는지, 마오쩌둥을 통제하기가 얼마나 어려운지 다시 한번 상기시켜주었다.

중국과 구소련의 관계 파탄은 경제 위기를 더욱 악화시켰다. 한때 중국의 '사회주의 형님'이었던 구소련의 지도자들은 중국이 자주적 발전 경로를 주장하는 것에 의구심을 품었다. 과거 한국전쟁에서 중국과 구소련의 군사적 협력은 중국이 원자폭탄 제조의 도움을 요청하면서 시들해졌다. 구소련의 원자폭탄 하나가 중국으로 수송될 준비가 되어 있었지만, 구소련의 지도자들이 잠재적 경쟁자를 키우게 되지 않을까 주저하면서 결국 보류되었다. 갈등이 심화되자 1960년 구소련은 〔중국에 파견했던〕 6,000명의 기술 고문들을 소환했다. 그 과정에서 기술 고문들은 수백 개의 미완성 산업 프로젝트의 청사진을 가지고 귀국하여 중국 동지들(comrades)을 곤경에 빠뜨렸다.

구소련과의 갈등은 중국 민족주의를 자극함으로써 당시 수세에 몰려 있던 마오쩌둥의 권력을 강화시켰다. 마오쩌둥은 당의 주석직을 유지했으나 중국은 대약진운동으로 인한 경제적 피해를 복구하기 위해 필사적으로 여러 실험을 시도했다. 지방의 지도자들은 식량 생산을 촉진하기 위해 대약진운동이 진행되는 동안 불허했던 이윤을 창출하는 농민시장을 다소 완화했다. 당이 최근에 처벌했던 지식인 및 전문가들과의 관계 개선을 도모하면서 문화활동에 대한 감독 역시 완화되었다.

혁명의 재점화

중국공산당이 1959년, 1960년, 1961년의 '수난의 3년'[9]을 뛰어넘어 국가를 이끌기 위해 노력하는 동안 당내의 정치 상황은 긴장감이 감돌았다. 마오쩌둥이 당의 주석 자리를 지켰지만 일상적인 행정은 류사오치 국가주석과 덩샤오핑(鄧小平, 1904~1997) 당 총서기의 손에서 이루어졌다. 류사오치와 덩샤오핑은 익숙한 레닌주의 틀 안에서 당 통제의 완화, 온건한 시장 개혁 및 보다 느슨한 문화 지배를 지지했다. 마오쩌둥과 그의 추종자들은 이러한 자유화를 쉽게 받아들이지 않았고, 오히려 중국이 혁명을 포기하지 않도록 더욱 정치 공작에 힘써야 한다고 주장했다.

중국 정치의 기본 원칙은 정치 엘리트들이 강하게 대립할 때도 밖으로는 단결된 모습을 유지해야 한다는 것이다. 따라서 정책 선택을 둘러싼 〔당내의〕 갈등은 감추어졌다. 실제로 실험중인 여러 정책 옵션들은 당시에는 서로 정면 대립하는 정책 '노선'으로는 간주되지 않았다. 그런데 문화대혁명이 시작되자 소급하여 정반대의 노선 대립으로 간주되었다. 1966년 문화대혁명이 시작되었을 때 급진주의자들은 1949년 중화인민공화국 수립 이후의 '17년'간을 비판하고 나섰다. 그들의 목표는 자신들이 단결된 것처럼 말했던 시기와 확실하게 단절할 근거를 만드는 것이었다.

논쟁의 한 분야는 농촌의 부패였다. 1962년에 시작된 '사회주의 교육 캠페인'[10]은 이념적 순결성을 강조하고 공산당을 권좌에 앉힌 계급투쟁을 상기시킴으로써 당내에서 퇴색해가던 혁명 정신을 고양시키고자 했다. 그러나 농촌의 기층 간부들을 다루는 이러한 마오쩌둥주의식 접근방식에 대한 이견이 덩샤오핑 및 다른 최고 지도자들의 저항을 불러일으켰다.

마오쩌둥은 행정 캠페인으로 과연 관료조직을 대대적으로 개혁할 수 있을지 절망하면서 1962년 동료들에게 "계급투쟁을 절대 잊지 말아야 한다"고 강의했다. 이는 "매년, 매달, 매일, 회의에서, 당대회에서, 전당대회에서, 그리고 온갖 종류의 모든 모임에서" 계급투쟁에 대해 이야기해야 한다는 뜻이었다.[11] 마오쩌둥은 인민들에게 자본가와 지주를 타도한 중국 혁명의 역사적 뿌리에 충실하며 노동자와 농민이 쟁취한 새로운 지위를 보호할 것을 요구했고, 이로써 중국 혁명에 다시금 활력을 불어넣기를 원했다.

마오쩌둥은 혁명 속의 혁명을 추구했다. 마오쩌둥 주석이 보기에 1949년 중화인민공화국이 수립된 직후 구지배계급이 전복되었지만 그들의 영향력은 인민들의 일상적인 생각과 행동에 여전히 남아 있었다. 혁명으로 지주와 자본가 권력의 물질적 기반은 파괴되었으나 그들의 이데올로기는 신중국의 제도 안에 특히 교육, 예술, 대중문화 속에 여전히 내재되어 있다는 것이었다. 마오쩌둥은 두 종류의 반혁명적 영향을 구분했다. 봉건주의는 옛 지주계급의 산물이며, 부르주아 이데올로기는 외국과의 관계에서 깊이 영향을 받은 중국 자본가들이 채택한 것으로 양자는 종종 충돌한다고 했다. 그러나 〔공산주의와의〕 투쟁에서 패배한 뒤 이 두 패배한 〔봉건주의와 부르주아〕 사회 세력은 서로 손을 잡았고, 공산주의자들을 혼란에 빠뜨리고 오도하며 그들의 올바른 야망을 좌절시키고 목표에서 이탈시켰다고 했다.

그러므로 자본주의나 지주의 신념을 갖기 위해서 더이상 실제 자산의 소유자일 필요는 없었다. 실제로 문화대혁명 시기에 가장 흔한 비방 중 하나가 마오쩌둥주의 노선에서 일탈한 원로 공산주의자들에게 붙인 '자본주의의 길을 걷는 자(주자파走資派)'라는 꼬리표였다. 마오쩌둥의 접근방식은 그가 평생 마르크스주의자로 살아온 사람이라는 것을 생각하면 놀라울 정도로 유물론적이지 않았지만, 이는 사회주의 중국의 새로운 역동성을 창출하고자 했던 그의 노력을 보여주는 것이었다. 또한 마오쩌둥의 이러한 방식은 당내 정적들을 대대적으로 숙청할 수 있는 지적 토대를 제공했다.

혁명 이후 중국공산당은 노동자, 농민, 군인의 덕목을 가장 중요시하는 좌경적 시기와 지식인, 회사원, 상점 주인, 기타 '소부르주아' 시민까지 확대한 포괄적 개념의 '노동 대중(勞動群衆)'을 강조하는 보수적 시기 사이를 왔다갔다했다. 마오쩌둥의 당내 경쟁자들이 훨씬 더 절충적인 경제정책을 용인하거나 장려하던 시기에 계급투쟁을 잊지 말라는 요구는 마오쩌둥의 좌경주의를 상징했다. 노동자, 농민, 군인을 위한 당이라는 마오쩌둥주의의 이상은 지식인, 기술 전문가, 종교 지도자, 화교, 전직 자본가에게도 다가가는 당이라는 개념과 배치되었다.

문화대혁명이 일어나기까지 4년 동안 이러한 긴장들은 간

신히 억제되고 있었다. 마오쩌둥은 명목상으로는 모든 이에게 존경을 받았으나 덩샤오핑 당 총서기가 자신을 장례식장의 송장 취급을 하며, 자신의 이미지만 존중하고 자신의 견해는 무시한다고 불평했다. 한편 마오쩌둥을 이전보다 더 지지한 사람 중에는 특히 신임 국방부장 린뱌오(林彪, 1907~1971) 원수가 있었다. 혁명의 영웅 중 한 명인 린뱌오 원수는 마오쩌둥의 비판자였던 펑더화이 원수 자리를 대체했다. 린뱌오는 군대의 위상과 정치적 영향력을 확대하기 위한 프로그램을 이끌었는데, 1964년 중국이 핵개발에 성공했을 때 군대의 위상은 더욱 높아졌다. 린뱌오는 군대를 좌파 정치의 보루로 만들었다. 그는 군 내의 계급장과 휘장을 폐지함으로써 장교단의 전문화를 지향하던 추세에 제동을 걸었다. 중국의 군대는 농민 신병들로 구성되었으므로 국방부는 자신들을 어느 정도 수백만 농민들의 정치적 후원자이자 대변자로까지 생각했다. 또한 마오쩌둥은 급진적인 지식인 그룹과 특히 그의 아내 장칭(江青)에게 점점 더 의지하게 되었다.

1938년 옌안에서 거행한 마오쩌둥과 장칭의 결혼은 당 최고 지도자들 사이에서 논란을 야기했다. 많은 사람들이 마오쩌둥의 전 부인을 여전히 좋아하고 있었고, 그들의 지도자를 유혹한 상하이 여배우를 불신했다.[12] 당 지도자들은 이 신혼부부에게 장칭이 정치 지도자의 자리는 맡지 않을 것을 약속해달라고 압박했다. 장칭은 마지못해 이를 수용했고 1950년대에는 문화단체에서 하급 직책을 맡았다. 하지만 1960년대 초가 되자 그녀는 갈수록 화가 쌓여가던 남편을 위해 기꺼이 나서서 함께 분개하는 동료가 되어주었다. 1966년 긴장이 고조되자 장칭은 린뱌오와 손을 잡고 인민해방군 내 예술에 관한 2월 회의를 조직하여 자신의 새로운 공적 역할을 과시했을 뿐만 아니라 군대가 마오쩌둥 진영의 일원이라는 것을 강조했다.[13]

사실 마오쩌둥과 그의 추종자들은 훗날 문화대혁명과 동일시된 대표적인 여러 모범 프로그램들을 1962년부터 1966년까지 이미 조직하고 있었다. 마오쩌둥의 어록인 일명 「소홍서(小紅書)」[14]는 1963년 군대에서 제작되어 필수 정치학습 과정을 통해 군인들에게 급진적 가치를 전파했다. 도시의 젊은이들은 이때 중요한 프로그램의 일환으로 시골로 내려가 재정착하기 시작했는데, 1968년에는 이 프로그램이 골칫거리인 홍위병들을 도시에서 제거하기 위한 목적에 맞게 조정되었다. 마오쩌둥주의 모범 병사로 레이펑(雷鋒, 1940~1962)[15]을 우상화하는 작업은 1963년에 시작되었다. 1964년에는 다자이 생산대대(大寨生産大隊)가 농촌조직 분야에서 마오쩌둥주의 모범이라는 정치적 자격을 획득했으며, 공업 분야에서는 다칭 유전(大慶油田)이 농업 분야의 다자이와 쌍벽을 이루는 모범이 되었다.[16] 안전한 내륙지역에 새로운 산업을 건설하는 삼선건설(三線建設) 캠페인 역시 비밀리에 진행되었지만 1964년에 이미 시작되었다.[17]

그렇다고 문화대혁명이 우리가 알고 있는 해보다 실제로 몇 년 일찍 시작되었다는 의미는 아니다. 다만 마오쩌둥과 그의 지지자들이 이미 중국을 위한 일관된 프로그램을 준비하고 있었다는 것이다. 1966년을 시작으로 정치적 동란이 폭발한 것은 부분적으로는 이러한 좌파적 사업을 추진하려고 했으나 (보다 안정적이고 정규적 체제를 발전시키기에 바빴던) 전문관료 엘리트의 저항 때문에 실패했던 그간의 좌절감이 기름을 부었기 때문이다. 마오쩌둥이 1966년 문화대혁명을 점화하기 위해 새롭게 추가한 것은 종전까지는 중국 정치에서 적극적인 역할을 하지 못했던 집단들의 대중 동원이었다.

자신의 정적들이 당의 조직을 통제하고 있다고 느낀 마오쩌둥은 경쟁자들을 두려워한 나머지 당 밖에서 동맹을 찾았다. 마오쩌둥은 자신의 대의를 위해 싸울 새로운 지도자들을 영입하면서 '위대한 프롤레타리아 문화혁명'이라는 자신의 외침에 응답한 '반란군들'[18], 비당(非黨) 활동가들에게 눈을 돌렸다. 마오쩌둥의 호소는 중국에서의 삶이 불공평하고 혁명적 이상에 맞지 않다고 느끼던 많은 이들에게 큰 반향을 일으켰다.

1965년 마오쩌둥은 중국을 방문한 프랑스 소설가이자 문화부장관인 앙드레 말로(André Malraux)를 만났다.[19] 마오쩌둥은 앙드레 말로에게 "중국을 오늘날의 모습으로 만든 사상, 문화, 관습은 사라져야 하며, 아직은 존재하지 않는 프롤레타리아 중국의 사상, 관습, 문화는 이제 나타나야만 한다"고 했다. 또한 마오쩌둥은 공산주의의 달성은 추상적인 이론적 탐구가 아니라 실현의 문제라고 믿었다. 그는 구소련의 수상 알렉세이 코시긴(Aleksei Nikolaevich Kosygin)[20]이 "공산주의는 생활수준의 향상을 의미한다"라고 말한 것을 조롱하듯 다음과 같이 일축했다. "당연하지! 그렇다면 수영은 수영복을 입는 방법이 된다!"[21]

문화대혁명의 부침, 2막의 드라마

문화대혁명의 11년간은 일반적으로 일관된 시기로 취급되지만 우리는 이를 서로 매우 다른 두 단계로 나누어 이해할 수 있다. 운동은 1966년에서 1967년 사이 홍위병, 좌절에 빠진 노동자, 야심찬 하급 관리들의 급진주의가 갑작스럽고 격렬하게 폭발하면서 시작되었다. 중국의 미완의 혁명인 문화대혁명은 대중 동원의 첫 단계에서 마오쩌둥의 경쟁자들을 권력에서 성공적으로 축출했다. 문화대혁명의 두번째 단계는 1968년부터 1976년까지 지속되었는데, 협상과 무력으로 조반(造反) 세력들을 통제하면서 새로운 마오쩌둥주의 질서를 공고히 했다. 혁명 뒤에는 억압이 뒤따랐다. 재조직된 당은 1966년의 반란군을 진압했다. 이 두번째 시기는 1971년 마오쩌둥의 후계자로 지명된 린뱌오의 충격적인 죽음을 전후로 다시 크게 나뉜다. 린뱌오 사건은 대부분의 모든 중국인을 크게 동요하게 만들었고, 이때부터는 병든 마오쩌둥 주석이 파벌 싸움을 멀리서 그리고 비효율적으로 관장하면서 운동은 1976년 그가 사망할 때까지 질질 끌며 이어졌다.

1. 급진적 열정, 1966~1967년

문화대혁명은 마오쩌둥 주석이 보수적인 동지들에게 외면당했다고 느끼고 영향력을 재차 강화하기 위해 싸우면서 발발하였다. 프롤레타리아 문화대혁명은 1966년 5월에 공식적으로 시작되었다. 이는 공산당과 국가 자체를 공격의 대상으로 삼았다는 점에서 과거 17년간의 그 어떤 운동과도 달랐다.

마오쩌둥은 문화대혁명을 준비하면서 베이징이 정적들의 통제 아래에 놓여 있다는 사실을 알게 되었다. 그는 정치적 지원을 얻기 위해 중국에서 두번째로 중요한 도시인 상하이로 눈을 돌렸다. 그곳에서 마오쩌둥주의 작가들은 수도에서는 출판하지 못할 기사를 게재할 수 있는 출구를 찾을 수 있었다. 재능 있고 야심찬 상하이의 지역 인사들이 마오쩌둥주의의 대의에 동참했다. 마오쩌둥의 지시로 상하이의 작가 야오원위안(姚文元, 1931~2005)은 1961년 희곡『해서파관(海瑞罷官)』에 대한 비평을 기고하였다. 이 연극은 명나라를 배경으로 하고 있지만 대약진 문제로 마오쩌둥을 대담하게 비판한 펑더화이 원수를 옹호하는 우화적인 내용으로 읽힐 수 있었다. 이 희곡의 작가였던 우한(吳晗, 1909~1969)은 정치 신인이 아닌 베이징의 부시장이었다. 마오쩌둥의 전략은 보수적인 당 지도자들의 아랫사람을 공격함으로써 그들을 고립시키는 것이었다. 결과적으로 베이징의 당 최고 지도자인 펑전(彭眞, 1902~1997)은 측근인 우한에 대한 비판을 막고 보호하는 데 실패하자 스스로 자리에서 물러났다.[22] 베이징의 당 조직이 혼란에 빠지면서 마오쩌둥은 류사오치와 덩샤오핑을 더 쉽게 공격할 수 있었다.

마오쩌둥은 자신의 당을 바로잡기 위해 공세를 취했고, 기존의 정치권 밖에서 새로운 협력자들을 영입해 〔당내의〕 저항을 극복했다. 그는 정치 참여의 영역을 넓히면서 특히 학생들에게 주목했다. 학생들은 자발적으로 '홍위병'이라는 조직을 결성해 교사, 지역의 당 지도자, 그리고 거의 모든 기존의 권력에 열광적으로 맞섰다. 〔중국과 같은〕 권위주의 사회에서 10대들에게는 발언의 기회가 거의 없었는데 마오쩌둥은 그들에게 정적을 공격하도록 독려했다. 홍위병은 신속하게 대규모 집회를 조직하고, 신문을 발행하고, 공공장소에 '대자보(大字報)'를 붙이고, 그들이 상상한 적들의 집을 급습하고, 심지어 타도한 관리들을 수용할 감옥까지 만들었다. 10대들은 젊고 짊어져야 할 사회적 책임이 별로 없었기 때문에 행동주의에 경도되었고, 내부 분열과 무모한 행동을 조장했다.

기존의 당 조직이 와해되자 마오쩌둥주의자들은 새롭게 임시로 중앙문화혁명소조(中央文化革命小組)를 결성했다. 처음에는 베이징 이외의 지역에까지 권위를 확립하는 것이 쉽지 않았다. 급진주의자들은 상하이에서 발생한 '1월 폭풍(一月風暴)'[23]으로 원래의 상하이 당 조직을 전복시키는 데는 성공했지만, 이 혁명소조 모델을 전국으로 확장시키는 것은 어렵다고 생각했다. 경쟁하던 홍위병의 조직들은 종종 국가조직과 당 관료조직의 다른 후원자들과 연결되어 서로 전쟁을 벌이곤 했다. 마오쩌둥의 지지자들조차 폭력과 무정부 상태에 충격을 받았다. 한때 존경받던 고위 관리들이 대중 비판 집회에서 공개적으로 굴욕을 당하자 마오쩌둥과 동맹을 맺었던 많은 사람들이 동요했다. 일부는 1967년 초에 열린 일련의 집회에서 저항 의사를 밝혔다가 '2월 역류(二月逆流)'[24]로 호되게 비난받았다. 비록 그렇더라도 그들은 자신들의 주장을 밝혔다. 군부는 자신들이 진정한 혁명 노선을 견지한다고 서로 주장하는 경쟁 세력 간의 분쟁에 개입하는 것을 꺼렸지만 충돌에 휘말리는 것을 피할 수는 없었다. 1968년 초까지 군대는 갈수록 빈번하게 질서 회복을 위해 개입했는데, 특히 홍위병 파벌들이 내전을 벌이는 지역에서는 더욱 그러했다.

II. 혁명적 질서 확립, 1968~1976년

문화대혁명 대중정치의 극단적인 측면에 제동을 거는 작업이 1968년에 본격적으로 시작되었다. 이때까지 류사오치 주석과 기타 '주자파'의 보수적인 관료들에 대한 숙청이 완료되었다. 하지만 계속된 홍위병과 조반조직들 내의 충돌은 여전히 혼란스러웠으며, 이는 경제를 교란시켰다. 마오쩌둥주의자들은 외부의 압력에도 관심을 가졌다. 북쪽으로는 구소련과의 군사적 긴장이 고조되었고, 남쪽으로는 미국이 베트남 침공을 가속화했던 것이다.

승리한 마오쩌둥주의자들은 질서를 회복시키기 위해 몇 가지 조치를 취했다. 첫째, 서로 경쟁하던 급진주의조직들을 통합해야 했다. 지방 당국의 재건을 성사시키는 일은 복잡했고, 총을 가진 마오쩌둥주의자로서 군대의 새로운 정치적 역할은 매우 중요해졌다. 군대는 신설된 '혁명위원회'를 뒷받침했는데 이는 조반파의 활동가들, 좌파 관료, 군 지휘관으로 구성된 '삼각동맹(三結合)'을 기초로 한 새로운 지방행정 기구였다. 군 지도자들은 각 성(省)에서 현지의 조직 구성을 중재했으며, 대부분은 가장 큰 권력을 차지했다. 둘째, 홍위병들을 '상산하향(上山下鄕)'운동에 참가하게 하여 농촌으로 내려가 농사일에 종사케 했다. 기존의 프로그램을 확장하는 방식으로 홍위병들을 농민운동가들과 함께 생활하고 일하면서 스스로 단련하도록 강제했는데, 이로써 정치 분야를 정리할 수 있었다. 셋째, 비밀리에 진행된 '계급대오정화' 캠페인(淸理階級隊伍運動)은 인적 서류[25]를 개별적으로 검토하여 마오쩌둥주의 지도부가 달가워하지 않는 많은 사람들을 숙청했다. 사실 이러한 숙청이야말로 문화대혁명의 가장 폭력적인 측면이었지만 홍위병의 전성기 때 전개한 현란한 집회보다는 훨씬 드러나지 않았다.[26]

1968년 5월 홍위병들을 농촌으로 파견하면서[27] 문화대혁명의 사회적 저항의 대중 동원은 막을 내렸다. 마오쩌둥은 국가 당국에 대한 지속적인 공격에 반대하는 쪽으로 선회했다는 자신의 입장을 시사했다. "우리는 90퍼센트 이상의 간부는 선량하거나 비교적 선량하다고 믿어야 한다. 실수를 저지른 간부들은 대부분 개조될 수 있다."[28]

1969년 4월에 열린 공산당 제9차 당대회[29]는 정치가 정상 상태로 되돌아왔음을 보여주는 행사였다. 보수적인 지도자들이 숙청되면서 충성스러운 마오쩌둥주의자들이 당의 고위직으로 승진할 수 있는 길이 열렸다. 제8기 중앙위원회에서 살아남은 위원 중 70퍼센트 가까이가 새로운 당대회에서 선출된 제9기 중앙위원회에 포함되지 않았다. 29명의 성급(省級) 공산당 제1서기 중 약 25명이 자리를 잃었다. 장칭과 중앙문혁소조[30]의 일원이었던 민간인들은 새로운 신분 상승을 누렸다. 특히 1969년 3월 국경분쟁지역인 우수리강의 한 섬[31]을 놓고 구소련과의 전투가 벌어진 뒤 인민해방군의 최고 지도자들 역시 혜택을 입었다. 그중에서도 가장 중요한 인물은 바로 국방부장 린뱌오였다. 그는 공산당 〔중앙위원회〕 상무위원회(常務委員會) 부주석에 임명되었으며, 마오쩌둥의 '가장 가까운 동지'로서 마오쩌둥의 잠재적 후계자 대접을 받았다.[32]

운동의 남은 기간 동안 마오쩌둥주의자들은 공통된 수사와 익숙한 제스처를 공유했지만, 이제 권력을 쟁취하기보다는 권력을 공고히 하는 데 관심이 있었기 때문에 질적인 면에서 차이가 있었다. 중앙 차원의 정치는 유동적이었다. 당은 파벌주의에 반대했으나 민간의 급진파들, 저우언라이(周恩來, 1898~1976) 총리가 이끄는 실용주의적 관료들, 군부 장교들(그 자체에서도 내부 분열이 있었다) 사이에서는 분열이 뚜렷하게 나타났다. 이들 모두는 마오쩌둥 주석의 관심을 끌기 위해 서로 경쟁했으며, 마오쩌둥 주석은 이들 경쟁하는 분파 사이에서 균형을 잡는 노련한 조정자였다.

외부에서 보기에 중국은 평온해 보였으나 중난하이(中南海)[33]에 있는 공산당 본부의 중심부에서는 그렇지 못했다. 5년간의 정치적 동란을 겪은 뒤 1971년 9월 린뱌오의 충격적인 죽음으로 중국은 다시 한번 큰 충격에 휩싸였다. 린뱌오(혹은 그의 부하들)는 마오쩌둥에 대항해 쿠데타를 계획했으나 실패했다. 공식 발표된 이야기의 많은 세부사항은 신빙성이 떨어지지만 결과적으로 린뱌오와 그의 아내, 그리고 아들이 중국을 탈출하려다 몽골에서 비행기 추락 사고로 목숨을 잃었다. 이 사건의 정치적 여파로 린뱌오의 최측근들이 숙청되고 대중의 신뢰는 땅에 떨어졌으며, 문화대혁명 초기 투쟁에서 숙청된 일부 관리들이 복권되었다.

문화대혁명의 마지막 몇 년은 병든 마오쩌둥의 궁정에서 자리다툼을 벌이는 중앙의 파벌투쟁으로 얼룩졌다. 이와 대조적으로 대중정치는 1966년 이래 그 어느 때보다 조용했는데, 일반 대중이 과장된 형태의 정치 참여에서 한발 물러섰기 때문이다. 기층사회 차원에서 중국은 이전보다 정상화된 것처럼 보였으나 권력의 중앙부에서는 더욱 이상해져갔다.

린뱌오 사건 이후 좌파 군부 지도자들의 몰락은 두 그룹을 강화시켰다. 첫번째 그룹은 마오쩌둥의 부인 장칭을 통해 마오쩌둥과 연계되었던 민간에서 발탁된 활동가들이다. 두번째 그룹은 저우언라이 총리가 이끌던 보다 온건한 경력 있는 관리들로 구성되었다. 1973년 제10차 공산당대회에서 문화대혁명 때 실각한 40명의 중앙위원이 복권되었는데, 그중에는 한때 '자본주의의 길을 걷는(走資派) 당권자 중 2인자'로 매도당했던 덩샤오핑도 포함되었다. '중국의 흐루쇼프'로 여겨진 류사오치는 1969년 열악한 환경 속에서 비참한 죽음을 맞이했다. 마오쩌둥은 덩샤오핑을 그리 가혹하게 생각하지 않았기 때문에 덩샤오핑이 류사오치와 함께 당에서 추방되는 것을 막았다. 광시성(廣西省)에 유배되었다가 1973년 베이징으로 소환되어 부총리가 된 덩샤오핑은 저우언라이와 함께 현대화 프로그램을 개발했다. 1975년 덩샤오핑은 저우언라이의 건강 악화 및 그를 대신할 노련한 후속 인사가 필요하다는 당의 판단에 따라 공산당 정치국 상무위원회라는 권력의 핵심으로 복귀하게 되었다.[34]

1970년대 초반 내내 공공의 정치 캠페인을 통해 엘리트 간의 경쟁이 펼쳐졌다. 이러한 캠페인은 종종 의미가 모호했으며, 최고 지도자들 간 충돌의 대리전이 되는 이슈들을 표적으로 삼았다. '린뱌오와 공자 비판 캠페인'은 실제로 무엇을 의미했을까?[35] (쿠데타 실패로 이미 사망한) 린뱌오는 그 당시 분명 악당이 되어 있었다. 또한 공자는 진보적인 중국인들이 5·4운동 이후 줄곧 낡은 사회의 상징으로 기꺼이 비난해온 대상이었다. 하지만 둘 사이에 무슨 상관관계가 있는가? 장칭이 주도한 저우언라이에 대한 공격은 여기에 어떠한 방식으로 부호화되어 있는가? 린뱌오 사건의 여파로 이러한 애매모호함으로는 대중의 신뢰를 거의 얻을 수 없었다.

이처럼 수수께끼 같은 좌파의 정치 캠페인에 맞서 저우언라이 총리는 농업, 산업, 과학기술, 국방의 '4대 현대화'를 마지막으로 호소했다.[36] 저우언라이의 수사(修辭)는 문화대혁명에 걸맞은 것이었지만 그 내용은 덩샤오핑을 비롯해 복권된 옛 간부들의 경제적 실용주의를 드러냈다.

저우언라이는 문화대혁명 기간 내내 일상적인 행정 전반을 돌보았으며, 여전히 논란의 중심에 서 있던 인물이다. 그는 과연 마오쩌둥의 열정을 어느 정도 통제할 수 있었던 위대한 중재자였을까? 아니면 그저 마오쩌둥의 아첨꾼으로 일부 부하들은 보호하면서 다른 부하들은 필요에 따라 희생시킨 엄청난 기회주의자였을까?

정치적 편집증이 고조되고 있었다. 마오쩌둥의 건강 악화(파킨슨병과 심장병을 앓고 있었다)로 파벌 경쟁을 조정할 중심인물이 사라졌다. 1976년 1월 저우언라이가 사망한 뒤 4월 베이징 톈안먼(天安門) 광장에서 그를 추모하는 시위가 벌어지자 급진파는 마오쩌둥을 설득하는 데 성공하고 덩샤오핑을 두번째로 실각시켰다. 문화대혁명으로 부상한 인물인 공안부장 화궈펑(華國鋒, 1921~2008)이 총리 대행 겸 당 제1부주석으로 임명되었다. 6월이 되자 마오쩌둥은 외빈을 접대할 수 없을 정도로 쇠약해졌고, 목소리와 필담으로도 소통이 힘들어졌다. 7월에 발생한 탕산(唐山) 지진으로 중국 북부 도시의 주민 25만 명이 사망하자 미신을 믿는 사람들은 전통적인 사상대로 〔정부가〕 '천명(天命)'을 잃은 것이 아니냐며 의심하기 시작했다.

1976년 9월 9일 마오쩌둥이 사망하자 파벌 간의 마지막 결전이 빠르게 진행되었다. 화궈펑은 당 주석이 되었다. 마오쩌둥의 지지자 중 한 그룹이 다른 그룹을 구속했다. 마오쩌둥의 미망인 장칭, 문예비평가 야오원위안[37], 상하이의 최고 권력자 겸 부총리 장춘차오(張春橋, 1917~2005)[38], 당 부주석 왕훙원(王洪文, 1935~1992)[39] 등 민간 출신의 주요 급진주의자들은 군 수뇌부 및 마오쩌둥의 경호원들이 기획한 쿠데타로 체포되었다. '4인방'으로 새롭게 지목된 급진주의자들은 처음에는 문화대혁명을 훼손한 혐의로 기소되었다. 하지만 중국은 마오쩌둥의 마지막 대중운동을 부정하는 긴 과정을 이제 막 시작하게 되었다.

해석

마오쩌둥은 문화대혁명이 1년 정도 지속될 것으로 예상했다. 많은 사람들이 문화대혁명이 1968년 홍위병운동을 진압함으로써 사실상 끝났다고 주장하는 데는 어느 정도 설득력이 있다. 그러나 마오쩌둥과 그의 동료들은 대중 동원이 끝난 뒤에도 문화대혁명을 계속해서 언급했고, 당은 1977년에야 이 운동이 끝났다고 선언했다. 종료 날짜가 언제인지가 중요하다. 문화대혁명을 1966년에서 1968년으로 한정한다면 이후 8년 동안의 많은 사건들(서방에 대한 개방, 교육 확대, 인프라 투자)은 1978년에야 비로소 공식화된 개혁개방 시기의 전조(前兆)처럼 보이게 되기 때문이다. 한편 1966년에서 1976년을 틈새 없이 온전한 하나의 시기로 취급한다면 급진적인 대중 동원과 당 통제력의 재확립 사이의 구분이 모호해진다. 이 책은 문화대혁명 10년간의 수사적 통일성을 존중하면서도 정치, 문화, 경제, 대외관계 등에서 급진적이었던 문화대혁명의 초창기와 그뒤 더 길었던 권력 공고화 시기 사이의 뚜렷한 차이점들을 분별해내야 한다는 점에 주의하고 있다.

문화대혁명에 대한 분석과 비판은 운동이 끝나기 훨씬 이전부터 시작되었다. 급진주의자들은 일찍부터 운동이 충분히 진전되지 않았다며 권력층에 대한 공격을 확대할 것을 촉구했다. 한편 덩샤오핑은 1970년대 초 복권되었을 때 문화대혁명의 여러 정책들을 완화시키기 위해 정책상의 재검토를 이미 실시하고 있었다. 그러나 마오쩌둥이 아직 살아 있던 동안에는 좌파나 우파 모두 마오 주석의 말씀을 인용하여 자신의 논리를 방어적으로 포장했다.

문화대혁명의 원인에 대해서는 (1) 정치 엘리트 내부의 갈등, (2) 중국 사회 내부의 긴장, (3) 중국의 국제적 위치 등 크게 세 가지로 설명할 수 있다.

엘리트 투쟁으로 접근하는 시각 중에서 마오쩌둥을 중심으로 한 설명은 (학자들 사이에서는 인기가 별로 없지만) 대중들에게는 인기가 있다. 문화대혁명이 한창 진행중일 때 마오쩌둥을 혁명 대중을 위해 싸우는 위대한 전사로 묘사하는 사람들이 많았다. 그러나 마오쩌둥 사후, 특히 중국 이외의 지역에서 마오쩌둥은 자신의 이기적인 야망을 위해 혼란의 씨앗을 뿌리는 데 혈안이 된 괴물로 묘사되는 경우가 더 많았다. 해외로 망명한 한 중국인 예술가는 이러한 비판 정신을 담아 마오쩌둥이 히틀러, 스탈린, (중국을 최초로 통일했으나 전설적으로 잔인했던) 진시황제 등 죽은 독재자들의 환영을 받으며 지옥으로 가는 모습을 거대한 캔버스에 그리기도 했다.

마오쩌둥은 영웅적인 면과 악마적인 면을 모두 가지고 있었으므로, 〔앞의 세 가지 중〕 어느 설명에서든 중요한 위치를 차지할 수밖에 없다. 그런데 어떤 인기 있는 기록에서는 마오쩌둥이 사회 전체에 자신의 방식을 강요했다고 묘사하고 있다. 이는 제3제국을 히틀러 중심으로 해석하는 시각과 유사한데, 이런 식의 관점을 취하면 독일 국민 스스로가 제국주의적이고 반유대주의적이었다고 지적할 여지가 거의 없어지게 된다. 마오쩌둥을 괴물로 보는 관점은 중국의 가까운 과거를 깊이 들여다보기를 원하지 않는 현재의 중국 엘리트들에게 정치적으로 유용하다. 또한 이는 중국 인민들을 희생자로 상상하고 싶어하는 서구 청중들에게도 위안을 준다. 그러나 이와 같은 접근방식은 단순한 메시지를 전달하기 위해 관계의 복잡성을 무시하는 잘못된 연구에 기반하고 있다.

어느 나라든 최고의 정치인들이 대부분 그렇듯이 마오쩌둥도 정서적으로 안정되고 차분한 성격은 아니었다. 그는 모든 일의 중심에 있어야 했고, 문화대혁명은 그를 정치적으로 없어서는 안 될 존재로 만들었다. 그의 핵심적인 역할 혹은 다른 지도자들과 친하게 지내지 않았던 점이나 죽기 전의 심각한 신체적 장애 같은 개인적인 특성을 무시하는 것은 어리석은 일이다. 하지만 단순히 마오쩌둥이 사악했기 때문에 문화대혁명이 일어났다고 선언하는 것은 다른 요인들을 고려해야 할 우리의 어떤 책임도 피할 수 있게 만든다.

보다 정밀한 엘리트 연구들은 마오쩌둥을 넘어 중국 최고 지도자들 간의 관계까지 포괄해서 다루고 있다. 또한 1930년에서 1940년대 홍색 수도 옌안에서 함께 활동한 공산주의자들과 적진 아래에서 지하활동을 전개한 공산주의자들 사이의 긴장과 같은 오랜 파벌동맹에 주목하는 연구도 나와 있다. 또다른 연구들은 군부의 사령탑과 문화대혁명의 민간인 지도자들 사이의 상호작용방식 등 인적 관계를 분석하기도 한다. 이러한 분석들은 문화대혁명을 모든 사람들에 대한 마오쩌둥의 공격으로 단순 축소시키는 것을 피하고, 문화대혁명의 발생에 복수심뿐만 아니라 이상주의, 행동주의, 진지한 정치적·문화적 논쟁 등이 역할을 했다는 것을 인정한다. 문화대혁명의 수사학은 대단히 거창한 실존적인 질문들을 제기한다. 혁명은 어떠해야만 하는가? 혁명은 언제, 어떻게 끝나는가? 또 한편, 투쟁에는 혁명 동지들 사이의 뿌리깊은 경쟁의식, 오랜 경력 동안 쌓인 개인적인 원한, 과거 저지른 실수에 대한 불편한 기억을 끌어들이는 차원 낮은 일상적인 측면도 있었다.

두번째 유형의 설명은 더 광범위한 사회적·문화적 요인을 강조한다. 이 접근방식은 중국 정치 역시 다른 지역의 정치와 비슷하다고 가정한다. 즉 사람들은 보편적으로 불만을 느끼게 되면 표출할 기회를 찾고, 대개 정치적 중개자의 도움을 받아 새로운 정치적 거래를 한다는 것이다. 일부 분석가들은 문화대혁명의 호소로 결국 누가 이득을 얻었는지를 생각한다. 예를 들어 홍위병운동에 젊은이들을 동원했던 이상주의적 호소는 모든 사람들의 직업적 꿈을 충족시키기에는 당시 중국 사회에 젊은이들이 너무 많다는 암묵적인 인식에 기반하고 있었다. 평화와 번영으로 촉발되었던 베이비붐은 정치적 파급효과를 초래했다. 또 일부 학자들은 당이 정치 캠페인에 의존하여 가상의 적을 밀착 감시하는 방식과 같이 〔항전 시기〕 과거 중국공산당의 정책 선택이 〔건국 이후까지〕 초래한 영향에 주목했다. 또다른 학자들은 〔황제 지배의〕 전통적인 전제주의의 지속적인 영향력을 강조했는데, 종종 여기에 레닌주의적 요소를 가미하기도 했다. 문화대혁명의 의식과 행동에서 위계질서를 강조하는 중국 전통의 영향을 쉽게 찾아볼 수 있다. 하지만 이러한 문화적 접근은 사건이 진행되는 방식을 잘 조명해줄 수 있지만, 왜 그런 일이 일어났는지를 설명하는 데는 그다지 도움이 되지 않는다.

또다른 학설은 국제역학에 주목하고 있다. 예를 들어 문화대혁명이 시작되었을 때 서구의 많은 분석가들은 문화대혁명을 미국의 베트남 침공 확대에 대한 대응으로 설명했다. 물론 문화대혁명의 깊이가 알려지면서 이 같은 설명은 착오임이 곧 드러났다. 다만 냉전의 더욱 광범위한 맥락이 중국의 강제된 국제적 고립이라는 상황과 함께 중국의 국내 정치체제에 압력을 가했다고 볼 수 있다. 구소련과의 분열은 이러한 고립을 심화시켰다. 일부 연구에서는 마오쩌둥이 구소련의 부정적인 관료주의방식에 대해 알게 된 것을 〔문화대혁명을 일으킨) 한 요인으로 보기도 한다. 그러나 구소련이라는 거울은 결국 마오쩌둥이 보고 싶어했던 모습을 비추었을 것이다. 따라서 마오쩌둥이 외국에서의 〔부정적인〕 변화상을 보고 문화대혁명을 일으켰다고 보기는 어렵다. 문화대혁명은 처음에는 중국의 고립을 심화시켰으나 그후에는 이를 무너뜨리기 시작했다.

문화대혁명을 연구하는 사람이라면 대부분 한 가지 접근법으로는 충분하지 않다는 데 동의할 것이다. 1960년대 초의 거대한 정치적 위기는 엘리트의 갈등을 초래했고 사회적 긴장을 악화시켰으며, 중국을 다른 세계의 사회와 멀어지게 했다. 중국의 그 10년간의 격변이 오늘날 21세기 세계 정치에서 중국의 〔주도적〕 위상과 어떤 관련이 있는지와 같은 광범위한 질문을 무시한 채 그때 누가, 누구에게 무엇을 했는지에 대한 단순한 설명에만 우리의 초점을 맞추는 것은 불행한 일이다.

제 2 장

‘정치가 총지휘’

'정치가 총지휘〔政治挂帥〕'라는 슬로건은 마오쩌둥주의자들에게 인기가 있었는데, 문화혁명가들에게 올바른 정치적 선택과 실천 의지가 운동의 성패를 좌우한다는 사실을 일깨워주었다. 중국 정치의 표본(standard kit)에는 서구의 관행과 차별화되는 세 가지 특징이 있다.

첫째, 공산당은 심각한 도전 없이 통치했으며, 그런 압도적인 지위 덕분에 정당과 국가가 명확히 구분되는 서구사회와 달리 중국에서는 양자의 경계가 명확하지 않다. 문화대혁명 시기에는 중국에 국가원수의 직책이 사라졌던 때가 있었다. 〔당이 건재하므로〕 그것은 중요하지 않은 것처럼 보였다. 〔당 내부를 숙청하자는〕 문화대혁명의 수사(修辭)와 국가의 승인 아래 일어난 혼란에도 불구하고 공산당은 계속 확장하여 당원의 숫자는 1966년 1,800만 명에서 1976년 3,400만 명으로 늘어났다. 그러나 부르주아의 영향력에 대한 우려로 인해 당의 보조 조직이던 청년과 부녀(婦女) 조직이 폐쇄되었고, 표면적으로 공산당과 국가권력을 공유하는 소위 중국의 8개 민주당파(民主黨派)도 폐쇄되었다.

둘째, 중국공산당은 관료제의 틀과 절차를 뛰어넘는 기법(extra-bureaucratic technique)에 자주 의지했는데, 특히 특정 목표를 달성하기 위해 일반 정부 부처 밖에서 공무원, 활동가, 일반 시민들을 동원해 조직한 대규모 캠페인과 같은 방법을 사용했다. 여기에는 여성 문맹 퇴치, 토지개혁, 주혈흡충증(중국 남부에 만연한 전염성 간질환) 퇴치, 시(詩) 쓰기, 대약진 시기 뒷마당 용광로 건설 등과 같은 여러 잡다한 목표가 포함되었다. 이러한 캠페인들은 자원을 동원하는 데는 능숙했지만 캠페인이라는 군사용어에서 알 수 있듯이 자원을 배치하는 데는 그리 섬세하지 못했다. 캠페인방식이 특정 과제 수행에는 좀더 잘 맞았을지 몰라도 이는 관료기구를 고의적으로 궁지로 몰아넣었다. 어떤 측면에서 문화대혁명은 그 자체로 여러 구체적인 목표를 내건 소규모 운동들로 구성된 하나의 장기(長期) 캠페인이었다.

셋째, 중국공산당은 중국인들을 정치적 지위에 따라 분류하는 시스템을 개발했다. 이 관행은 중국 혁명과 함께 진행된 대대적인 토지개혁운동에서 처음 시작되었다. 당시 공산당은 한쪽에서 자원을 몰수하여 다른 쪽에 분배하려면 누가 지주이고, 누가 땅이 없는 소작농인지 확인해야 했다. 이러한 분류는 형식적이고 관료적이었으나 그것이 지닌 의미는 확실히 중요했다. 토지개혁 때 이루어진 계급 분류는 이후 고정되었으며 다시 자녀에게 상속되었다. 이어진 정치 캠페인은 이러한 계급 분류를 더욱 강화시켰는데, 당이 '빈농'이나 그 자녀들에게는 캠페인의 지지를 호소하였고 한때 지주였던 사람들과 그 자손들은 의심의 눈초리로 바라보았기 때문이다. 추가된 다른 분류도 있었는데, 이는 과거의 경제적 지위가 아니라 정치적 지위에 따른 것들이었다. 문화대혁명이 시작되었을 때 '5대 검은분자들(흑오류黑五類)'[1]로 분류된 사람들은 지주, 부농, 반혁명분자(공산당 통치에 저항한 자), 악질분자(범죄를 저지른 자), 우파(1957년 공산당 비판자에 대한 숙청 캠페인의 희생자) 등이었다.

문화대혁명은 중국 정치에 대한 일종의 백과사전이라고 할 수 있다. 그 안에는 이상주의, 집단폭력, 음모, 사회적 네트워크, 관료적 일상, 정치범 수용소, 탄원, 선심 정치, 대중 연출, 뒷거래, 군사 쿠데타 등이 모두 포함되어 있다. 이러한 관행들은 평상시 중국 정치의 통상적인 작동을 과장하고 왜곡

한 것이었다. 연극성, 마오쩌둥 숭배, 반란, 규율, 파벌주의는 그 시대의 정치적 복잡성을 보여주는 주제이다.

연극성

문화대혁명의 정치는 의식적인 연극성이 강했다. 운동의 주연들은 대중을 앞에 두고 역사라는 무대 위에서 극적인 효과를 내기 위해 행동했다. 운동이 주목을 받자 일흔두 살의 마오쩌둥은 우한(武漢)의 양쯔강에서 수영하는 모습을 대대적으로 공개하여 자신의 왕성한 체력과 젊은이들과의 유대감을 강조했다. 곧 수백만 명의 젊은이들이 마오쩌둥을 흉내내며 물속으로 뛰어들었다. 톈안먼 광장에서 수백만 명의 홍위병이 참가하는 면밀하게 연출된 일련의 집회가 열린 뒤 일부 젊은 참가자들은 감격한 나머지 마오쩌둥 주석과 닿은 손을 씻지 않을 것이라고 선언하기도 했다. 마오쩌둥은 직접 홍위병 완장을 차거나 젊은 반란자들이 공공장소에 붙인 수만 장의 혁명적인 선언문을 모방하여 자신도 '대자보'를 쓰는 등 연극적인 제스처를 취하며 지지자들에게 행동에 나설 것을 촉구했다.

나중에 마오쩌둥은 홍위병을 통제하고자 했을 때 보란 듯이 노동자 선전공작대의 팀원들에게 망고를 선물로 주었다.

2. 젊은 반란군을 지지한다는 것을 보여주기 위해 홍위병 완장을 차고 있는 마오쩌둥

이 공작대는 학생 조직들 사이의 분쟁을 강제로 멈추게 하고, 질서를 회복시키기 위해 만든 새로운 기관이었다. 원래 파키스탄 사절단이 마오쩌둥에게 선물한 이 망고는 1968년에 마오쩌둥 주석이 미성숙한 학생들보다 신뢰할 만한 노동자계급의 구성원들을 더 높이 평가했다는 것을 의미한다. 당시 기획된 열광 중에는 그 망고를 영원히 보존하고자 했던 널리 알려진 노력들을 찾아볼 수 있는데, 이는 중세 기독교인들이 성인의 뼈를 숭배하는 것과 매우 비슷했다.

이러한 연극성은 의사소통이 제한되고 당이 통제하는 대중매체가 단조롭게만 보이는 사회에서 정치적 메시지를 널리 알리려는 실리적인 목적을 가지고 있었다. 젊은이들은 이전에는 질서 있고 수동적인 정치생활을 영위했지만 이제 잘 기획된 많은 행사들이 이들에게 새로운 형태의 정치 참여를 장려했다. 지금은 신뢰를 잃은 소년선봉대(초등학생 대상)[2]나 보다 선별적인 공산주의청년단(고등학생 대상)[3]이 참여의 채널이 되었다. 홍위병은 1934년에서 1935년 홍군의 대장정을 재연하며 성지순례에 올랐고, 그 흔적을 따라가면서 마오쩌둥 주석과 혁명의 기억에 더욱 가까워질 수 있었다. 타도된 관리들에게 굴욕을 안겨주는 의식이 공개적으로 거행되기도 했다. 이들은 종종 고깔모자를 쓰고 푯말을 목에 건 채 언어적 때로는 신체적 학대를 견디며 장시간 서 있어야만 했다. 이러한 의식의 취지는 권력자의 힘을 무너뜨리는 동시에 젊은 반란군들에게 자신들이 권력을 부여받았다는 사실을 보여주는 것이었다.

문화대혁명의 연극적인 제스처의 관객층은 중국의 젊은이들뿐만 아니라 정치 엘리트들로까지 확대되었다. 공연의 격렬함은 주저하는 엘리트 계층의 구성원들에게 운동에 저항해서는 안 된다는 메시지를 전달하는 데 도움이 되었다. 모든 국가가 〔정치에〕 의식을 활용하지만 특히 중국의 정치 전통에는 이러한 극적인 장면을 이용한 사례가 매우 많다. 과거 황제에 대항한 많은 농민 반란군들이 자신들의 자칭 새 왕조의 지지자들 앞에 나타날 때 가극 의상을 입었던 것을 보면 연출된 장관(壯觀)과 정치 행동 사이의 경계가 명확하지 않았음을 알 수 있다.

하지만 문화대혁명의 연극적인 측면은 단순한 조종 이상의 의미를 지녔다. 마오쩌둥주의운동은 어쨌든 매우 극적인 사건들을 보여주고 사람들을 자극했는데 음모, 배신, 구출, 반란 등은 모든 예술에서 중요한 주제이다. 게다가 문화대혁명의 극적인 장면 가운데 가장 흥미진진한 일화 중 상당수는 연출 지시가 전혀 혹은 거의 없이 펼쳐진 경우가 많았고, 때로는 원래 마오쩌둥주의 무대감독이 원했던 것과 정반대로 진행되기도 했다.

예를 들어 린뱌오 사건은 극적인 사건이었지만 마오쩌둥 주의자들이 원하는 방식은 아니었다. 마오쩌둥이 군부의 정치적 권력을 어느 정도 제한하려는 것이 확실해지자 마오쩌둥의 후계자로 알려졌던 린뱌오는 자신의 영향력이 줄어드는 상황에 직면했다. 린뱌오가 서툴게 암살 음모를 꾸미고 쿠데타를 계획했을 수도 있고, (좀더 가능성이 높은데) 아들 린리궈(林立果)[4]가 아버지를 대신해서 그렇게 했을 수도 있다. 린뱌오는 십중팔구 무슨 일이 일어나고 있는지 잘 알지 못했을 것이고, 1971년 9월 13일 몽골에서 추락한 비행기에 탑승했을 때 아마도 약물이 투여된 상태였을 것이다.

극적인 요소는 린뱌오 진영의 음모나 린뱌오의 딸이 저우언라이 총리에게 계획을 폭로한 사실뿐만 아니라 이 사건의 공식적인 처리 과정에서도 있었다.[5] 마오쩌둥과 문화대혁명 그룹은 충격을 받았으며, 이 사건이 뉴스로 알려지게 되면 문화대혁명에 대한 수백만 명에 이르는 중국인들의 신뢰가 무너질 것이라고 걱정했는데 이는 타당한 우려였다. 마오쩌둥은 인민해방군 최고위층을 숙청했는데, 1971년 10월 1일 국경절 퍼레이드와 축하 행사가 전례없이 취소될 정도로 중앙정치는 혼란스러웠다.

문화혁명주의자들이 마오쩌둥의 '가장 가까운 동지'가 어떻게 그를 배신할 수 있었는지에 대한 이유를 만들어내려고 노력했을 때 이 극적인 사건은 더이상 기획된 극적인 효과를 기대할 수 없었다. 당 중앙은 이 스캔들을 설명하기 위해 문서를 준비했지만 그 과정은 미국의 워런위원회(Warren Commission)[6]가 존 F. 케네디 대통령 암살 사건을 해명했던 것만큼이나 순조롭지 못했다. 〔중국공산당 중앙위원회〕 정치국 위원들에게만 사건 발생 첫 주에 정보가 전달되었고, 일반 시민들은 정교하고 비밀스러운 브리핑 체계를 통해 전국적으로 소식이 전달되기까지 약 1년을 기다려야 했다. 그리고 결과는 마오쩌둥이 우려했던 대로였다. 한때 문화대혁명의 열광적이었던 지지자들은 훗날 자신들이 정신을 차리게 된 시점을 린뱌오 사건 때로 꼽는다. 이 극적인 사건의 경우는 문화대혁명의 대의에 열광하는 사람들을 새롭게 끌어모으기보다는 문화대혁명에 대한 지지를 약화시키는 쪽으로 작용했다.

엘리트 정치 측면에서 문화대혁명은 마오쩌둥의 후계자임을 자처했던 세 사람에게 개인적·정치적 파멸을 초래했다. 첫번째 인물은 마오쩌둥의 뒤를 이을 후계자로 지명되었다가 1969년 의료 방치로 인해 외로운 죽음을 맞이한 류사오치 주석이다. 1971년 린뱌오의 비명횡사는 중국의 정치 드라마는 각본을 따르지 않는다는 사실을 모두에게 상기시켜주었다. 실패한 세번째 후계자는 서른여덟 살의 나이에 '낙하산'으로 당의 부주석 자리까지 오른 급진주의 민간 출신 관료인 왕훙원인데, 부총리 화궈펑에게 밀려난 뒤 '4인방' 중 한 명으로 체포되었다.

마오쩌둥 숭배

마오쩌둥의 권력이 커지면서 그의 말과 행동, 이미지에는 숭배와 같은 신성함이 깃들게 되었다. 1963년 군대에서 마오쩌둥의 저작에 나오는 말들을 모은 「소홍서」를 제작한 것은 무언가 심상치 않은 일이 벌어질 조짐이었다. 류사오치의 저작도 정치 연구를 위해 재출판되었지만 마오쩌둥의 저작 배포는 진정한 이데올로기적 쓰나미가 되었다. 4권짜리 전집은 모범 노동자에게 수여하는 상으로 인기가 높았고, 부르주아 사치품이 문제가 되면서 신혼부부에게 선물로 주어지기도 했다. 마오쩌둥의 저작은 계급에 따라 버전이 다양했다. 마오쩌둥의 저작 선집 중에서 공무원 판본은 노동자와 농민용 판본보다 두 배나 길었으며, 수록된 글은 짧고 설명하는 각주는 더 많았다. 또한 「소홍서」는 간결한 어록들을 수록했는데, 주제별로 유용하게 정리되어 아마추어든 전문가든 모든 정치 평론가들이 쉽게 사용할 수 있는 소재가 되었다. 홍위병들은 편리하게 참고할 수 있도록 「소홍서」를 휴대하고 다녔다. 심지어 최고위 지도자들도 대중집회에서 이 책을 흔들며 마오쩌둥의 말을 끊임없이 그러나 자신의 정치적 뉘앙스의 예시로 인용하기도 했다. 마오쩌둥은 본인의 책에 대한 저작권 사용료를 받아 정치 비자금으로 사용한 것이 분명한데, 자신에 대한 숭배사업에 스스로 자금을 조달한 것이다.

중국의 국가(國歌)인 〈의용군 행진곡(義勇軍進行曲)〉은 작사가 톈한(田漢)[7]이 비판을 받으면서 의혹의 대상이 되었다. 이 국가를 비공식적으로 대체한 것이 북방민요 음률에 가사를 붙인 혁명 찬가 〈동방홍(東方紅)〉이었다.

동쪽은 붉고 해가 떠오른다.
중국은 마오쩌둥을 낳았다.
그는 인민의 행복을 위해 일한다.
그는 중화민족의 위대한 구세주이다.[8]

1949년 이후 이 노래는 인기가 시들해졌다. 아마 마오쩌둥조차도 이 노래가 겸손하지 못하고 다른 공산당 지도자들을 불필요하게 깎아내린다고 생각했을 것이다. 하지만 이 노래는 1966년 권토중래하여 공개석상에서 불리고 거리의 확성기에서 방송되었으며, 1970년에는 중국 최초의 인공위성을 통해 지구로 송출되었다.

이 외에도 또다른 최고의 문화대혁명 히트송은 외젠 포티에(Eugène Pottier, 1816~1887)와 피에르 드게테르(Pierre De Geyter, 1848~1932)의 1888년 곡으로 전 세계의 무정부주의자, 공산주의자, 사회민주주의자들이 불렀던 급진 가요 〈인터내셔널가(The Internationale)〉이다. 1920년대 후반 중국공산당의 수장이었던 취추바이(瞿秋白)[9]가 이를 중국어로 번역했다. 문화대혁명 당시에는 〈동방홍〉과 〈인터내셔널가〉 2절 사이의 모순에 주목하는 사람은 아무도 없었다.

> 세상에 구세주 따위 존재하지 않았고,
> 의지할 신(神)도, 황제도 없다!
> 인류의 행복을 창조하기 위해서
> 우리는 전적으로 자기 자신에게 의존해야 한다![10]

각 조직들은 마오쩌둥에 대한 충성심을 과시하기 위해 서로 경쟁했다. 신문사들은 마오쩌둥 주석의 말을 붉은 잉크로 인쇄했는데, 누군가 하루 지난 신문을 생각 없이 사용했다가는 신문에 인쇄된 신성한 말들에 무례를 범했다며 정치적으로 호되게 비판받을 수 있었다. 수백만 개씩 제작된 마오쩌둥 배지(badge)는 즉시 수집과 거래의 대상이 되었고, 마치 배지가 많을수록 출중한 혁명적 신념을 증명하는 것 같았다. '충성춤〔忠字舞〕'[11]은 사람들이 자신의 정치적 입장을 대변하는 것이었다. 신곡 중에는 마오쩌둥 어록에 적절한 음을 붙인 연작 가요도 있었다. "마오쩌둥 주석 만세!"의 외침이 공공장소에 울려퍼졌다. 뉴스영화,[12] 그림, 포스터, 조각상 등이 마오쩌둥 숭배에 불을 지폈다. 중국에는 마오쩌둥 주석의 조각상이 넘쳐났다. 이들 작품 중 일부는 크기가 거대했는데, 예술작품으로서 그다지 흥미롭지는 않았지만 그 거대한 규모만큼은 경외감이나 위협감을 불러일으키기에 충분했다. 또한 중국 지도자의 탁상용 흉상 같은 더 작은 조각상도 있었다. 도시 차원에서건 개인 수준에서건 마오쩌둥 이미지를 전시하는 것은 마오쩌둥의 정치적 견해에 대한 충성과 (적어도 대외적으로는) 헌신을 나타내는 것이었다.

1966년 마오쩌둥은 중국 대중에게 막강한 도덕적 권위를 가지고 있었다. 사람들은 마오쩌둥의 행동이 중국과 혁명, 사회주의를 위한 것이라고 전적으로 믿었다. 마오쩌둥 숭배는 이러한 자발적인 존경심에서 발전했으며, 급진주의자들은 이러한 감정을 정치적 이득을 위해 조종했다. 마오쩌둥은 대중의 존경을 당연하게 생각했을지도 모른다. 또는 단순히 반대파를 압도하는 데 유용하다고 생각했을 수도 있다. 마오쩌둥은 아무리 터무니없는 마오쩌둥 숭배의 표현이라도 저지하거나 폄하하지 않았다. 하지만 마오쩌둥 숭배의 열광적인 분위기가 눈앞의 정치적 목적을 위해 이용되자 그의 도덕적

3. 정부 관료들이 마오쩌둥의 어록인 「소홍서」를 흔들며 마오쩌둥에 충성을 맹세하고 있다. 저우언라이 총리와 린뱌오 국방부장이 마오쩌둥의 뒤를 따르고 있다. 린뱌오는 마오쩌둥 배지까지 달아 충성심을 더욱 과시하고 있다.

권위는 약화되었다. 이상화된 마오쩌둥이 이상화된 혁명을 위해 싸우는 것과 마오쩌둥이 몰락시킨 류사오치를 공산당에서 배신자로 추방하는 것은 완전히 별개의 문제였다.

시안(西安)에서 열린 문화대혁명의 가무 공연이 끝난 뒤 공연자들은 마오쩌둥의 석고 흉상을 선물로 받았다. 「소홍서」와 대규모 집회가 성행하던 그 시절, 이 선물은 혁명적 열정을 공유하는 상징이었다. 공연자들이 무대 뒤로 돌아간 뒤 한 음악가의 손에서 흉상이 미끄러져 바닥에 떨어지며 산산조각이 났다. 혁명적인 지혜의 가장 고귀한 원천이라는 마오쩌둥의 머리가 박살이 나 석고 파편더미가 되어버렸다. 공연자들은 마오쩌둥 주석의 신성불가침한 이미지가 갑자기 파괴된 것과 함께 자신들이 심각한 정치적 책임을 지게 될 수도 있다는 위험에 충격을 받았다. 그들은 한 마디의 말도 없이 원형으로 모여들어 부서진 두상의 파편을 발로 갈아서 가루로 만들어버렸다. 그들은 자신들의 비밀스러운 행위를 숨기기 위해 암묵적인 약속으로 공범이 되었다는 사실을 알고 있었다.

마오쩌둥 숭배에서 나름 자제하는 측면이 하나 있었는데 이는 서양인들의 눈에는 기이하게 보인다. 중국인들은 〔마오쩌둥의 정치이념을〕 '마오이즘(마오주의, 毛主義)'으로 정식화하는 것을 조심스럽게 기피했다. 마오주의(Maoism) 또는 마오주의자(Maoist)라고 일컫는 것이 시대정신을 더 잘 표현할 수 있는 것처럼 보이는데도 중국인들은 굳이 이를 기피하여 훨씬 더 어설프게 들리는 '마오쩌둥사상(毛澤東思想)'으로 일컫는 것을 선호했다. 중국어는 물론 영어로도 어색한 마오쩌둥사상은 마오쩌둥이 마르크스주의나 레닌주의와 동등한 수준의 새로운 '이즘(ism)/주의'를 확립했다는 주장에 완곡하게 저항하는 일종의 절제를 의미했다. 영 자연스럽지 못한 마오쩌둥사상이라는 표현은 마오쩌둥이 마르크스주의와 레닌주의를 계승하고 발전시켰을 뿐임을 가리킨다. 그렇다고 이것을 너무 겸손하다고 보아서는 안 된다. 왜냐하면 마오쩌둥사상은 일상적으로 '정신적 원자폭탄(精神原子彈)'으로 인정되었기 때문이다.

마오쩌둥 숭배의 관리는 그 자체의 정치세계를 형성했다. 린뱌오는 마오쩌둥의 이미지를 조작하면서 이를 기반으로 개인적인 정치권력을 구축했다. 예를 들면 많은 마오쩌둥의 조각상에는 린뱌오의 서체로 "(우리의) 위대한 스승, 위대한 지도자, 위대한 사령관, 그리고 위대한 조타수"라고 칭송하는 글이 청동으로 새겨져 있었다. 세상을 떠난 뒤 불명예를 안은 린뱌오는 더이상 주석의 휘광을 공유할 수 없었고 그의 글씨는 모두 지워졌다. 문화대혁명이 더욱 보수적으로 변하면서 '마오쩌둥사상'도 덜 반항적인 정치적 필요에 맞게 조정되었다. 마오쩌둥의 방대한 저술은 이제 젊은 반란자들을 지지하는 실탄일 뿐만 아니라 집권 관료체제를 정당화하는 실탄으로도 활용될 수 있었다.

1970년대 들어와 마오쩌둥 숭배는 시들해졌고, 마오쩌둥주의자들이 곧잘 사용하던 극적인 연출도 효과가 떨어졌다. 마오쩌둥의 건강이 악화되면서 그의 말은 영감을 북돋우기보다는 점점 더 신탁과 같이 신비스러워졌다. 1975년의 캠페인은 농민 도적을 다룬 500년 된 고전소설 『수호전(水滸傳)』에 초점을 맞추었다. 마오쩌둥은 중국인들의 사랑을 받아온 이 이야기가 '투항파(投降派)'의 부정적인 사례를 보여준다고 별생각 없이 언급했다. 그러자 마오쩌둥의 이 말은 각종 사설에 인용되었고, 문화대혁명 초기의 충격에서 여전히 벗어나지 못하고 있던 중국의 지식인들은 어떤 농민 반군 캐릭터가 어느 정치인을 상징하는지 단서를 찾기 위해 소설을 샅샅이 분석하기 시작했다. 당시 마오쩌둥은 치매는 아니었지만 백내장으로 독서가 어려웠으므로 그에게 큰 소리로 책을 읽어주던 한 젊은 학자에게 이 같은 말을 한 것이었다. 그의 발언은 문화대혁명 급진주의자들의 주목을 받았고, 그들은 이를 부적절하게 인용하고 사용했다.

1976년 25만 명 이상의 사망자가 발생한 탕산(唐山) 대지진은 계획에 없던 또다른 극적인 장면이었다. 어떤 사람들은 지진을 하나의 징조로, 또 어떤 사람들은 재해로 여겼는데 이는 상서롭지 못하게 보였다. 어느 쪽이든 이 극적인 사건은 "지진 방지 및 구호활동에서 덩샤오핑에 대한 비판을 심화하라"는 요구에 의해 통제될 수도, 숨겨질 수도 없었다.

반란

중국 지도자들의 제스처가 아무리 연극적이었다고 해도 마오쩌둥이 손가락을 한 번 튕긴 것만으로 단숨에 문화대혁명을 불러일으켰다고 생각할 사람은 아무도 없을 것이다. 문화대혁명은 1949년 이후로 쌓여온 인민의 불만을 표출시켰다. 오래 지속된 갈등은 중국이 혁명 유산과 경제발전의 부담을 어떻게 다룰지를 두고 정치 엘리트들을 분열시켰다. 이러한 갈등은 종종 명확하지는 않았으나 일반 시민들도 감지할 수 있었다. 정치적 갈등이 인구통계학적 요인과 상호작용하면서 그 사회적 영향이 가속화되었다. 평화와 번영은 중국의 젊은이들의 수를 증가시켰고, 학교의 급속한 확장으로 많은 수의 젊은이들이 교육을 받게 되면서 비농업 분야의 좋은 일자리에 대한 야망을 갖게 되었다. 그런데 1949년 혁명으로 비교적 젊은 지도자들이 등장했다. 이들 지도자 대부분은 〔1960년대에도〕 여전히 자기 자리를 지키고 있어 젊은 세대들의 승진 기회를 막고 있었다. 동시에 교사를 '우파분자'로 지목한 1957년 반우파투쟁의 영향으로 학교와 대학은 좌절하고 늘 불행한 사람들로 가득찼다.

이와 같은 분위기에서 마오쩌둥주의자들은 문화대혁명 초기에 젊은이들을 쉽게 동원할 수 있었다. 도시의 젊은 중국인들은 거의 다 참여했다. 홍위병의 대다수는 고등학생들이었다. 오늘날 도시에 사는 특정 연령대의 중국인은 대부분 틀림없이 홍위병 출신들이다. 예를 들어 당시 열여섯 살의 홍위병이었던 사람이라면 1950년에 태어났을 것이다.[13] 홍위병은 국가가 조직한 것이 아니라 자발적으로 생겨난 집단이었다. 이후 마오쩌둥주의자들은 정치적 후원을 확대하면서 운동이 더욱 빠르게 확산될 수 있게 만들었다.

홍위병의 대표적인 도구 중 하나는 공공장소 벽에 붙이는 포스터 크기의 정치적 문장인 '대자보'였다. 대자보는 논쟁, 권고, 선언 혹은 공격 대상인 관료들의 과거 정치적 행위를 폭로하는 것일 수도 있었다. 홍위병들은 대자보를 작성하기 위해 종종 당내 급진적인 동맹자들에게 문서와 정보 유출을 요청하기도 했다. 마오쩌둥은 "사령부를 폭격하라(炮打司令部)"라는 대자보를 작성해 이제 막 시작된 홍위병운동을 자신이 지지한다는 사실을 강조했다. 얼마 지나지 않아 대자보는 홍위병 신문과 잡지로 보완되었고, 여전히 보수파의 영향 아래 있던 공산당이 운영하는 언론의 통제에서 벗어나 온갖 폭로로 가득찼다. 공개된 정보는 대체로 정확했으며, 당의 문건에서 풀린 고위급 회의 기록과 연설문이 광범위하게 인용되었다. 이러한 사안들은 종종 문맥에서 벗어나거나 가능한 일 중에 최악의 해석이 달리곤 했지만 그렇다고 단순히 조작된 것만은 아니었다.

홍위병의 참여는 정치적인 행위였지만 이는 또한 10대들의 반란의 한 형태이기도 했으며, 원래라면 이들에게 금지되었을 경험을 할 수 있도록 가능성을 열어주었다. 1966년 가을 중국의 철도 당국은 '혁명적 경험의 교환〔交流革命經驗〕'을 촉진하기 위해 홍위병에게 무료 교통편을 제공했다. 젊은이들은 '혁명 교류〔革命大串聯〕'를 통해 혁명의 이름으로 난생처음 여행을 떠나 먼 도시들을 방문할 수 있었다.[14] 초기의 분위기는 젊은이다운 흥분으로 넘쳐났는데, 이미 해체된 공청단(共靑團)[15]의 전 멤버들은 '홍기전투대(紅旗戰鬪隊)'나 '5·16 혁명 전사'와 같은 이름으로 자신들을 재탄생시키면서 거칠고 전투적인 용어들을 상투적으로 사용하며 분위기를 고조시켰다. 이러한 거창한 조직명들은 그들이 스포츠나 라디오에 대한 관심을 공유하던 몇몇 친구들의 소모임에 불과하다는 사실을 은폐하기도 했다. 10대들은 마오쩌둥이 가장 좋아한 소설 『홍루몽』의 "천 번 베이는 것을 두려워하지 않는 자는 감히 황제를 말에서 끌어내린다"라는 한 구절을 인용하며

결의를 다졌다.[16]

문화대혁명 초기의 무분별한 폭력 중 일부는 나라 전체가 고등학생 갱단에 접수된 것이 명백한데도 반혁명분자처럼 보일까봐 감히 어느 누구도 그들을 제지하지 못한 사실에서 비롯되었다. 1966년 8월과 9월은 홍위병의 광란이 일어난 시기로, 그중 하나는 가상의 계급의 적들을 거칠게 수색하고 다닌 것이었다. 베이징에서는 홍위병들이 반동 자료를 찾기 위해 10만 가구 이상의 가택을 급습했고, 지식인들과 과거 정권에 대항한 일부 사람들을 끌어내 자아비판을 강요했다. 일부 홍위병들은 허리띠로 사람들을 구타하고 끓는 물로 고문하기도 했다. 베이징에서는 1,700명이 사망했다. 톈진 당서기, 동중국(東中國) 함대사령관, 석탄산업부 부장 등이 모두 비판대회 이후에 사망했다.[17] 홍위병에게 구타당한 뒤 자살한 악명 높은 사건 중 하나는 저명한 소설가 라오서(老舍)[18]의 사례이다. 유명한 원로 관료들은 의례처럼 치르는 비판대회에 특히 자주 불려다녀야 했다. 혁명 대중들은 이들 숙청된 지도자들을 상대로 자신들의 증오를 소리 높여 표출했다. 국가경제위원회 주임이자 부총리였던 보이보(薄一波)[19]는 100번이나 투쟁 회의에 끌려다녀야 했다. 그의 아내는 그 고통을 견디지 못하고 스스로 목숨을 끊었다. 하지만 수백만 명의 홍위병 중 대다수는 폭력적이지 않았으며, 많은 사람이 비록 그 효과는 있기도 하고 없기도 했지만 폭력에 반대하는 목소리를 냈다.

당시 대부분의 10대들이 홍위병에 참가했다는 점을 감안할 때 심각한 내부 분열이 일어난 것은 놀라운 일이 아니다. 마오쩌둥주의의 공격을 받은 관료들의 자녀를 포함해 모두가 '혁명가'라고 자처했다. 악명 높은 베이징의 홍위병 부대 중 하나인 '연합행동위원회'[20]는 '혈통론'을 주장했다. 노동자, 빈농, 혁명 간부의 자녀들은 태어날 때부터 혁명가인 반면, 자본가와 지주의 자녀들은 출생의 오점을 결코 극복할 수 없다는 것이다. 혈통론은 사람들의 관심을 이미 타도된 혁명의 적들에게로 돌림으로써 당내 '주자파'에 집중하자는 마오쩌둥의 요구를 교묘하게 회피했다. 혈통론은 탄압받았지만 약자를 희생양으로 삼는 경향은 여전했다. 이는 일부 중국의 젊은이들에게 계급적 배경이 좋지 않거나 정치적으로 취약한 이력(예를 들어 타이완에 사촌이 있다거나 과거 국민당 군대에서 복무한 이력 등)을 가진 가족들 사이에 '명확한 선을 긋는 것'을 의미했다. 또한 이는 거의 모든 사람들에게 '흑오류'(지주, 부농, 반혁명분자, 악질분자, 우파)에 속하는 사람들을 직접 학대하지는 않더라도 그들과 거리를 두어야 한다는 것을 의미했다.

홍위병이 번성한 기간은 짧았다. 1966년의 '붉은 8월'은 홍위병의 전성기로, 교사와 관료에 대한 폭력은 대부분 이 시기에 발생했다. 문화재를 파괴하고 특권층의 가정을 급습하는 일은 문화대혁명 초기에만 일어났다. 폭력은 끔찍했지만 마오쩌둥주의 당국이 이와 같은 대중의 폭력을 제한하기 위해 안간힘을 쓰자 문화대혁명의 시작과 함께 터져나왔던 분노는 금방 사그라들었다. 따라서 10년 내내 구타와 살인이 이어졌다고 상상해서는 안 된다. 대부분의 홍위병들은 사람들을 구타하지 않았으며, 폭력적인 홍위병들도 이후에는 경쟁하는 홍위병 파벌들에게 분노를 표출했다. 홍위병은 무기를 자체 제작하거나 베트남으로 이동중인 구소련제 무기를 비롯해 군대에서 총기를 탈취했다. 1968년에 이르러 문화대혁명의 이러한 단계는 끝이 났다. 도시의 젊은이들은 '빈농과 하층 중농에게 배우기 위해(向貧下中農學習)' 농촌으로 보내졌다.

반란군에는 홍위병만 있는 것이 아니었다. (건국 후) 17년간의 정책에 불만을 품은 많은 사람들과 함께 하급 관리들도 반란군에 대거 합류했다. 정규직 노동자가 누리는 혜택을 똑같이 누릴 수 없었던 임시직 노동자계급의 활동가들은 문화대혁명을 이용해 이를 시정할 것을 요구했다. 이들은 실패했지만 공장에 기반을 둔 사회 불안이 생길 수 있다는 사실은 당국에 경종을 울렸다.[21] 이후 마오쩌둥주의 지도자들은 동맹군으로 학생들을 포기한 대신 정치적으로 더 안정적인 노동자계급의 반란군을 조직적으로 양성했다.

우리는 이들 반군들의 급진적 민주주의에 대한 열망을 단순히 무시해서는 안 된다. 그들은 신중한 투표제도와 개인 인권의 보호라는 서구식 절차적 민주주의를 추구하지는 않았다. 이는 일종의 반독재운동이자 아마도 중국에서 이루어진 참여민주주의의 가장 위대한 실험이었으며, 절차적 민주주의는 아니어도 결과적 민주주의를 열망한 것이었다.

규율

'정치가 총지휘'라는 슬로건은 반란을 규율하는 동시에 부추겼다. 마오쩌둥은 홍위병의 광범위한 폭력성에 놀랐다. 홍위병은 정치적 도구로서는 어설펐다. 그들은 젊고 제멋대로였으며, 계획에 맞게 투입하기 어려웠다.

1967년 1월 '상하이 코뮌'이 설립되면서 권력을 장악하기 위한 탁월한 모델이 등장했다. 상하이의 프롤레타리아를 하나로 모으기 위해 한 달 동안 진행한 이 실험적 시도는 표면적으로는 1871년 파리 코뮌에서 영감을 받은 것이었다. 이 조직은 선전 담당관 장춘차오, 문학평론가 야오원위안, 공장 보안대 출신 왕훙원 등 3명의 급진적인 정치인에게 정치적 기반이 되어주었다. 이들은 훗날 장칭과 함께 4인방으로 매도되었다.

상하이 코뮌 모델은 곧바로 전국적인 두번째 모델인 '혁명위원회'로 대체되었다. 혁명위원회는 대중조직, 군(軍) 대표, 문화대혁명에 충성하는 원로 관료들로 구성된 '삼각동맹'을 중심으로 조직되어 통합 문제에 실질적으로 힘을 실어주었다. 군대는 이러한 협상의 집행자였으며, 새로운 마오쩌둥주의의 지방정부를 만들기 위해 협력할 만한 급진적인 조반파 조직과 조건에 맞는 원로 간부들을 찾기 위해 인내심을 가지고 노력했다. 이는 군대가 나섰어도 힘든 작업이었는데, 문화대혁명으로 인해 생겨난 사회 세력들이 상당히 통제하기 어렵다는 사실이 드러났기 때문이다. 지역 내의 경쟁, 고삐 풀린 야망, 정치적 허영심 등이 복잡하게 얽혀들었다. 티베트의 한 지역에서는 정신적으로 불안정한 여승이 여신의 계시를 받았다며 무장한 추종자들을 지휘해 파벌 정적의 팔과 다리를 잘라버리는 바람에 삼각동맹에 문제가 생기기도 했다.

군대는 각 성(省)에서 지역 평화를 협상함으로써 질서를 회복시키기 시작했다. 군대는 처음에 중립을 선호했으나 폭력과 무질서가 계속되자 결국 지방행정에 더욱 깊숙이 개입하게 되었다. 1967년 여름 우한의 위기는 중요한 순간 중 하나로, 이곳에서는 내전에 가까운 상황이 발생했다. 베이징에서 파견된 한 지도자가 협상을 시도하던 중 납치되어 그를 구출하기 위해 공수부대까지 나서야 했다. 수천 명의 젊은 민간인들 사이에서 무력 충돌 사건이 또다시 벌어지자 결국 군부는 개입에 주저하던 입장을 포기할 수밖에 없었다. 1968년 여름까지 대부분의 성에는 새로운 혁명위원회가 구성되었다.

군대는 핵 및 기타 군사 연구시설, 그리고 홍위병의 파괴자들로부터 위협을 받고 있던 문화유적지에 무장경비대를 파견하는 등 조심스럽게 문화대혁명에 개입했다. 홍위병들이 베트남으로 향하는 열차에서 탈취한 무기로 무장하기 시작하자 군대의 망설임은 사라졌다. 1968년 여름 군대의 인내심은 흉포함으로 바뀌었고, 군대는 지도부에 굴복하지 않으려는 홍위병 조직을 진압했다.

문화대혁명의 가장 큰 폭력은 홍위병의 만행이 아니라 자발적인 대중조직에 대한 마오쩌둥주의자들의 탄압에서 나타났다. 1967년 말 중앙문혁소조는 날조된 '5월 16일 음모'에 대한 조사에 착수했다. 그 결과 주요 급진적인 정치인들이 있지도 않은 음모를 꾸몄다는 혐의로 기소되어 체포되었다. 이 캠페인이 지방 성급(省級) 단위로 확산되면서 수백만 명이 조사를 받았고, 수만 명이 살해당했다. 1967년과 1969년 사이에 진행된 '계급대오정화' 캠페인은 더 많은 사람들을 숙청했는데, 정치적 죄악을 찾아내기 위해 정치 이력 및 가족사를 샅샅이 조사했다. 해외에 친척이 있거나 옛 자본가 집안과 결혼한 자매가 있다면 좋지 않던 시기였다. 이러한 악랄함은 한편으로는 새로 승진한 중국 지도자들의 장악력이 아직은 취

4. 파벌 싸움이 잦았던 홍위병운동이 해산됨에 따라 이 포스터는 마오쩌둥 저작을 연구함으로써 단결을 강력히 촉구하는 두 노동자를 이상화하고 있다. "파벌주의를 타도하고 검은 손을 잘라내자! 프롤레타리아 혁명가들은 단결하라!"

약했다는 것, 그리고 그들이 자신의 새로운 지위에 도전할 잠재적인 경쟁자들을 열성적으로 무너뜨리려고 했다는 것을 시사한다. 새로운 혁명위원회는 자신들의 정통성에 저항하는 조직을 시작으로 대중정치를 해산시켜 권력을 공고히 했다. 교외나 농촌지역에서 많은 폭력이 발생했는데 초기 홍위병의 폭력에 비해 덜 드러났다. 예를 들어 홍콩 시민들은 주강(珠江) 하구까지 떠내려온 시체들을 목격할 수 있었다. 그러나 많은 관찰자들의 관점에서 급진주의자들에게 가해진 폭력은 지식인과 관료들에 가해진 폭력에 비해 주목할 만한 가치가 없다고 보였을 수도 있다.

규율은 대부분의 사람들에게 덜 폭력적인 형태를 취했다. 모든 사람이 정치 교재를 암기하고, 소그룹 토론을 진행하고, 이념적 진보를 보여주기 위해 공개 일기를 작성해야 하는 등 정치학습은 고도로 공식화되었다. 이러한 관행은 오랜 비판 및 자아비판의 문화에 근거하고 있다. 이 자리에서 사람들은 자신의 정치적 결점을 인정하고 받아들이는 일종의 의식을 치르게 된다. 그러다보니 이것도 일종의 공연예술이 되었으나 선례로 유교가 그랬듯이 내면의 영혼보다는 실제 행동에만 초점을 맞추었다.

피난처가 된 인적 네트워크

문화대혁명의 모든 파벌은 마오쩌둥의 깃발을 흔들었고, 겉으로는 단결된 것처럼 보였으나 현실에서는 거대한 불확실성으로 가득찬 파벌투쟁으로 분열되어 있었다. 기회주의자들이 크게 한 건 할 수 있는 기회를 노리면서 위험은 커졌으며, 시민들은 정치적 배경이 의심스럽다는 이유로 핍박받았다.

정규 기관이 제대로 운영되지 않게 되자 모든 계층의 시민들은 안전을 위해 갈수록 인적 네트워크에 의존하게 되었다. 실제로 세계 정치에는 혈연, 출신지, 학력, 업무 경력 등을 기반으로 한 네트워크가 존재한다. 다만 중국에서는 이러한 네트워크가 국가권력이 '객관적'이고 부패하지 않는 기준으로 인적 관계를 대신하고자 노력했음에도 불구하고 오랫동안 이례적으로 중요한 역할을 해왔다. 정규 기관을 믿지 못하게 되면서 개인적 인맥이 지배적인 위치를 차지하게 되었으며, 문화대혁명의 보편주의적 수사는 훼손되었다.

엘리트 내부자들 사이에서는 린뱌오 사건의 충격과 마오쩌둥의 건강 악화 이후 개인적 연대가 더욱 강화되었다. 실제로는 개인적 인맥(관시關係)이 작동하지 않더라도 중국인 대부분은 그것이 작동하고 있다고 가정하고, 지역 또는 국가에서 일어난 가장 평범한 일들도 누가 누구를 알고 있는지에 의해 설명할 것이다. 예를 들어 장칭과 당 공안기관장 캉성(康生)은 산둥성(山東省)의 같은 현 출신이다. 동향이라는 점이 정치적 입장이 같은 것보다 더 중요했을까? 많은 중국인들은 그렇다고 생각하며, 적어도 그 인맥이 이들의 이데올로기적 동맹을 더욱 탄탄하게 만들었다고 주장한다.

개인적인 안위를 보장받으려는 욕구는 일반 시민들 사이에서도 똑같이 강했는데, 특히 린뱌오가 사망한 이후 냉소주의가 새롭게 팽배한 상황에서 더욱 그러했다. 더 좋은 주택을 얻는 것에서부터 전문적인 의료서비스를 받거나, 농촌에서 노동하던 자녀를 다시 도시로 부르는 것까지 정치적 열정보다는 (혹은 정치적 열정의 고백과 함께) 선물과 뇌물이 '뒷문(走後門)'으로 편의를 확보하는 수단이 되었다.

헌신적인 마오쩌둥주의자들에게도 정치는 불쾌한 것이 되었다. 불안은 복수라는 주제를 수면 위로 끌어올렸다. 알렉상드르 뒤마(Alexandre Dumas)의 1844년 복수 소설 『몬테크리스토 백작』은 서양 예술이 거의 호평받지 못했던 시대에 중국에서 폭넓은 독자층을 확보했다. 실제로 중국어판 제목(『감사와 복수의 몬테크리스토 기록』)[22]은 사악하고 신뢰할 수 없는 공공세계(public world)에서 안전을 바라는 독자 개인에게 호소력을 고취시켰다. 소설의 주인공 에드몽 당테스(Edmond Dantès) 백작은 서양의 법이 동양의 인간관계망보다 도덕적으로 우월하다는 가정을 조롱하며 〔복수를 실천함으로써〕 자신만의 정의를 실현한다.

장칭은 야심차고 다루기 힘든 사람이었지만 마오쩌둥은 그래도 그녀에게 의지했는데, 그 이유는 마오쩌둥이 자신의 최측근 이외에는 어느 누구도 완전히 신뢰하지 않았기 때문이다. 장칭은 자신의 모든 결점을 덮을 만큼 충성심이 강했다. 그녀는 재판에서 "내가 한 모든 일은 마오쩌둥 주석이 시킨 것이다. 나는 그의 개였다. 그가 물라고 하면 물었다"라고 진술했다. 1970년대에 마오쩌둥은 조카 마오위안신(毛遠新)[23]에게도 의지했는데, 그는 핵심 공업지역인 랴오닝성(遼寧省)의 고위 관리가 되었다.

문화대혁명이 끝날 무렵까지 기존 정치권에 대한 타격은 되풀이되었다. 마오쩌둥이 사망한 후 쿠데타를 일으킨 〔원로〕 지도자들이 행동에 나선 것에는 경쟁자를 제거하려는 목적도 있었으나 불안감 또한 작용했다. 정치국(政治局)에서는 이들 원로가 다수파를 차지하고 있었음에도 중앙위원회에서는 결선 투표에서 다수가 장칭과 그녀의 동맹자들을 지지할 수도 있다고 두려워했다. 쿠데타에 나선 자신들의 행위를 옹호하기 위해 공모자들은 '4인방'이라는 인적 네트워크를 내세웠는데 이는 현실적으로 근거가 다소 부실했다. 네 사람은 그다지 같은 무리라고 볼 수 없었는데, 4인방 중 3명은 마오쩌둥의 후계자로 화궈펑보다 왕훙원을 지지하지도 않았기 때문이다. 그러나 오만한 장칭이 제거되는 것을 보고 불만을 품은 사람은 거의 없었고, 네 사람은 린뱌오의 장군들과 함께 문화대혁명의 공적 희생양이 되었다.

제 3 장

문화: ‘낡은 것을 타파하고 새로운 것을 세우다(破舊立新)’

마오쩌둥주의자들은 왜 예술 분야에서 문화혁명이 필요하다고 생각했을까? 1949년의 정권 장악과 이어진 경제의 통제가 진정으로 노동자계급에게 권력을 가져다준 것은 아니었다. 한때 굳건했던 베테랑 혁명가들은 중국의 봉건적 과거와 외국 부르주아 국가의 매력적이면서도 타락한 문화 탓에 기세가 누그러져 있었다. 마오쩌둥주의의 처방은 이러한 '달콤한 속임수〔설탕 입힌 총알(糖衣炮彈)〕'를 억제하는 동시에 형식과 내용 면에서 진정 프롤레타리아적인 새롭고 활기찬 예술을 육성하는 것이었다.

문화대혁명 직전에 마오쩌둥은 문화부가 '죽은 미라의 부서'[1]가 되었다고 불평했다. 중국의 문화유산이라는 죽은 미라는 이제 홍위병의 주요 표적이 되었다. 그들은 봉건적 혹은 부르주아적 영향의 흔적을 찾기 위해 개인 주택을 샅샅이 수색했다. 홍위병의 초기 전성기와 더 길었던 통제 및 통합 기간 사이에는 단절이 존재한다. 후기의 정책은 전통 예술이나 외국 예술의 역할을 제한하기는 했지만 새로운 작품으로 대체하는 데는 훨씬 덜 성공적이었다. 마오쩌둥의 부인 장칭이 연극작품에서 혁명적인 모델을 창출하는 작업을 주도했는데, 현대식 경극(京劇), 양성평등, 군사화(軍事化)를 잘 조합하여 대중의 인기를 끌었다.

사구(四舊) 파괴하기

문화재를 파괴한 이들은 대부분 홍위병이었고, 1966년 8월 중순부터 9월 말 사이에 문화재 파괴의 광풍이 불었다. 젊은이들은 경쟁적으로 '사구(四舊, 오래된 관습·문화·습관·사상)'에 반대하는 투쟁을 벌였다. '사구'란 유교적 엘리트주의를 찬양하는 예술작품 등 중국의 전근대 전통사회를 상징하는 것이었다. 사구는 아직 많은 사람들이 구사회를 기억하고 있던 당시 '봉건적'이라고 노골적으로 비난받았는데, 눈에 보이는 그러한 유산에는 고전 회화와 선장본 서적뿐만 아니라 전족(纏足)을 한 노인 여성들도 포함되었다. 마오쩌둥의 문화대혁명에 대한 이러한 미학적 반응의 야만성은 아마도 젊은이들의 무지와 허세, 그리고 반혁명 세력이 구사회를 복원하려고 한다는 일반화된 불안이 뒤섞인 탓으로 이해하는 것이 가장 나을 것이다.

홍위병들은 혁명의 적으로 의심되는 집을 수색했는데, 베이징의 10만여 가구 이상이 포함되었다. 이러한 급습에 대한 소문이 퍼지자 많은 시민들이 범죄 혐의를 받을 수 있는 일부 소장품들을 선제적으로 파기했다. 홍위병들은 순수한 혁명적 열정에 의해 행동에 나선 것이었으므로 도둑질을 하지 않았다. 명백히 가치 있는 물건이라면 국가에 양도했다. 하지만 그들은 예술 비평가가 아니었기 때문에 조금이라도 의심스러우면 종종 물건을 찢거나 태우는 경우가 많았다. 정치적으로 의심스러운 책들은 분쇄해서 펄프로 만들었다. 젊은 반군들이 파괴한 국보급 문화재는 헤아릴 수 없을 정도로 많았지만 족보, 그림, 서적, 녹음 기록, 종교적 성상(聖像) 등 많은 개인적인 물품들도 영원히 사라졌다.

다수의 홍위병들은 '흑오류'(제2장 참조)를 습격하는 일에 찬성하거나 참여하지 않았다. 또한 교사와 학교 관계자들에 대한 폭력에 혐오감을 느낀 사람들도 많았다. 국가 역시 주요 기념물을 보호하기 위해 개입하는 경우가 많았다. 저우언라이 총리는 중요한 문화유적지에 군경 병력을 주둔시켰고, 천보다(陳伯達)와 치번위(戚本禹)[2] 같은 좌파 지도자들도 파괴를 막는 데 힘을 보탰다. 공자의 고향인 산둥성 취푸(曲阜)의 공가(孔家) 유적지처럼 지역 주민들이 역사적 보물을 보호하기 위해 개입한 경우도 있었다. 중앙음악원에서는 학생들과 교직원들이 도서관의 기록물을 숨겼으며, 수많은 가정에서는 기발한 방법을 동원해 소중한 물건을 감추었다.

'사구'와 함께 그물망에 걸린 것은 1911년부터 1949년〔중화민국〕 시기의 수입 서적과 음악 및 중국산 근대식 제품을 포함한 부르주아 예술의 상징물이었다. 소비에트 블록〔the Soviet bloc, 구소련 및 친소 동구권〕과 관련된 작품은 수정주의로 비난받았다. 처음부터 민족주의적인 색채가 짙었던 문화대혁명의 대중 동원 단계는 중국 사회의 얕은 내부에 늘 잠재해 있던 토착주의적〔자국문화 중심주의적〕 성향을 밖으로 이끌어냈다. 동북지역의 도시 하얼빈의 홍위병들은 러시아의 영향을 간직한 유물인 러시아 정교회의 목조 건물 전체를 집요하게 철거했다.

홍위병들은 남들이 하는 평범하지 않은 헤어스타일을 한 일반 시민들을 '부르주아'라고 칭하면서 괴롭혔고, 때로는 길거리에서 멋대로 그들의 머리를 깎기도 했다. 뾰족한 신발, 꽉 끼는 바지, 향수, 애완동물, 도박용품 모양의 장신구, 야한 농담, 도박 게임 등도 거부했다. 투박한 인민해방군의 외투가

장화(張華), 「책 파기에 관한 보고서」
(〈푸저우만보福州晩報〉의 1989년 4월 18일자)

나는 교사로서 책 중독이라고 할 만큼 책을 좋아하는 사람이지만 한때 책 파괴에 가담한 적이 있습니다. 이 엄청난 실수를 논리적으로 설명할 방법이 없습니다. 때는 1966년 한여름이었고, 장소는 내가 일하던 제지공장이었습니다. 나는 이미 학교에서 쫓겨나 일정 기간 노동하라는 명령을 받은 상태였습니다. 어느 날 나는 혼란스러운 기분에 휩싸였습니다. 공장에 들어섰을 때 평소에 들리던 폐자재를 운반하는 트럭 소리가 들리지 않았습니다. 100제곱미터 남짓한 공장 전체가 하드커버로 제본된 양서(洋書), 옛날 방식의 실로 제본한 책, 페이퍼백으로 제본된 책 등 엄청난 양의 책더미로 가득차 있었습니다. 나는 책더미로 다가가 내 앞에 펼쳐진 책들을 살펴보았습니다. 맨 위에 있는 책이 내가 오랫동안 존경해온 두보의 『두소릉집(杜少陵集)』이라는 사실에 화가 났습니다. 책더미를 뒤적거리다 『시경(詩經)』, 『소명문선(昭明文選)』, 『옥대신영(玉臺新詠)』, 『동파악부(東坡樂府)』 등을 발견했습니다.[3]
작업반장이 업무 시작 전에 우리를 소집했습니다. 그는 마오쩌둥 주석의 어록을 몇 구절 읽은 뒤 우리에게 작업을 할당했습니다. "당국에서는 이 책들을 사구라고 했다. 전부 봉건적이고 자본주의적이거나 수정주의적이다. 가택 수색 후에 이곳으로 옮겨진 것들인데 파기 처리하여 펄프로 재활용할 것이다. 우리가 다 끝내지 못한 것들은 다음 교대 근무자에게 넘어갈 것이다."
한동안 나는 아무 반응도 보이지 않았는데 샤오 사부(師傅)[4]가 나를 팔꿈치로 슬쩍 찌르더니 "1번 통으로 가서 여기 두꺼운 책들을 찢어버려"라고 말했습니다. 나는 망설이다가 1번 통 입구로 걸어가 쪼그리고 앉아서 영한사전, 노한(露漢)사전, 고급 수학, 그리고 이름이 기억나지 않는 다른 외국어 책 등 대형 서적들을 펼쳐보았습니다. 나는 몇 페이지를 넘기다가 무의식적으로 멈추었습니다. 고개를 들어보니 딩 사부와 장 사부가 능숙하게 책을 찢고, 작은 칼로 제본을 자르고, 통 입구에 페이지를 흩뿌리고 있었는데 마치 트럭이 폐지를 실어나르듯 자연스러웠습니다. 내가 꾸물거리고 있는 것을 본 그들은 날카롭게 외쳤습니다. "너 뭐하는 짓이야? 빨리 해!" 양손이 떨렸습니다. 나는 책에서 페이지를 뜯어내면서 마치 제 심장이 찢기는 것처럼 칼로 찌르는 듯한 통증을 느꼈습니다. 『두소릉집』을 숨길까도 생각했지만 홍위병이 불시에 덮칠까봐 두려웠고, 공연히 말썽을 일으키고 싶지 않았습니다. 얼마 지나지 않아 나는 곧 무감각하게 책을 찢은 다음 찢어낸 낱장들을 통 입구에 집어넣고 있었습니다. 거의 2톤에 달하는 책이 누런 펄프로 변하여 펄프 공정을 거치기 위해 앞뒤로 휘저어지는 것을 내 눈으로 직접 목격했습니다.

사구 파괴가 시작된 뒤 우리 공장에서만 보일러에 파기된 책이 수레 20대 분량에 달했다고 들었습니다. (책 성향이) 빨간색(좌파)이든 흰색(우파)이든 상관없이 모두 보일러가 삼켜버렸습니다!

중국과 외국에서 역사상 책을 파괴한 선례는 매우 많지만 진시황제도 농업과 의학에 관한 책은 불태우지 않았고, 히틀러는 '반독일 이데올로기'가 담긴 책과 섹스에 관한 책만 불태웠습니다(루쉰, 「중국과 독일의 책 불태우기 비교」). 이 두 경우 모두 선택적으로 불태운 것입니다. 그들이 책을 불태운 방식과 정신은 우리가 책을 파괴한 것과는 분명히 달랐습니다. (마오쩌둥 관련) 붉은 책 한 묶음을 제외하고는 모든 책이 사구의 범주에 포함될 수 있었고, 파기로 넘겨질 수 있었던 것입니다. 게다가 책을 폐기물로 세심하게 재활용하는 우리의 책 파괴방식은 진시황제나 히틀러보다 훨씬 한 수 위입니다. 이 두 사람이 우리보다 더 야만적이라고 누가 말할 수 있을까요?

홍콩의 맞춤 양복을 대체하여 새로운 패션 스타일을 확립했다. 홍위병들은 거리 이름을 바꾸어 당시 소련대사관이 위치한 도로는 반수정주의 도로(反修路)가 되었고, 외무부가 위치한 도로는 반제국주의 도로(反帝路)로 이름이 바뀌었다. 저우언라이 총리는 (홍위병의 주장대로) 빨간 교통 신호등이 멈춤 신호가 아니라 혁명적인 '보행' 신호로 바뀌는 사태를 막기 위해 그가 가진 교섭 능력을 총동원해야만 했다. 개인들도 자신의 이름에서 봉건적인 냄새를 없애기 위해 개명을 하곤 했다. 태어난 아기들은 '귀한 옥(玉)' 대신 '붉은 영웅'처럼 호전적이고 혁명적인 미덕을 연상시키는 이름을 갖게 되었다.

'사구' 파괴는 단기간에 끝났음에도 (역사상) 가장 악명 높은 몇몇 폭력과 하나로 엮였다. 이후 홍위병은 훗날 자신들이 저지른 악행뿐만 아니라 1920년대 국민당 활동가들과 제국주의시대에 중국 예술을 약탈한 서양인들이 한 짓 등 중국의 전통 유산을 파괴한 이전의 만행까지 뒤집어써 비난받게 되었다. 예를 들어 베이징의 유명한 원명원(圓明園)의 옛터는 1860년 영국-프랑스 연합군이 불태워 폐허가 된 것인데, 외국인 관광객들은 때때로 홍위병이 파괴했다고 잘못 알고 비난을 하기도 한다.

사구 반대운동과 병행하여 혁명 예술 제작 러시가 폭발적으로 터져나왔는데, 특히 음악원과 미술원 소속의 홍위병 학생들이 이를 주도했다. 실력보다는 〔혁명적〕 열정이 더 중요했지만 그래도 독자들을 더 잘 끌어들일 수 있도록 종종 가장 뛰어난 학생 서예가들이 뽑혀 대자보를 작성했다.

당 중앙은 홍위병의 행동이 도를 넘지 않도록 하는 방법을 고민했으며, 군중을 선동하는 데만 유용한 즉석 거리 공연을 제한하려고 했다. 저우언라이는 1966년 12월 4일까지 여러 예술단체의 반란군(造反派)을 연이어 만나 마오쩌둥이 자신에게 거리 선전이 쉽지 않으며, 베이징의 많은 군중 속에서 안전하지 않을 수도 있다고 말했다고 주장했다. 저우언라이는 홍위병들에게 베이징시가 대자보 선전을 조직하는 것이 모두를 위해 더 좋을 것이라고 확실하게 말했다. 1967년 2월이 되자 당 중앙은 젊은 예술가들에게 "경험을 교환하기 위해 외부로 나가는 것을 완전히 중단해야 한다"고 선언하며 통제를 강화하고자 했다. 예술가들은 즉시 자신의 원래의 학교와 일터로 돌아가 노동자, 농민, 군인들을 위한 혁명 예술을 준비해야 했다.

마오쩌둥과 다른 문화대혁명 지도자들은 사구에 대한 국민적 분노와 가택 수색을 달가워하지 않았는데, 이런 현상이 자신들의 주요 공격 목표인 〔공산당 내〕 '부르주아지 대표'로부터 국민들의 관심을 〔일상의 사구로〕 돌리기 때문이었다. 사실 중국의 정치 엘리트들은 홍위병들이 크게 실망할 만한 문화적 취향을 가지고 있었다. 마오쩌둥은 전통 가극과 옛 소설을 좋아했고, 서예가로서 자신의 평판을 자랑스러워했으며 다른 옛 혁명가들과 시를 주고받기도 했다. 그의 경쟁자 중 한 명인 경제 관료 천윈(陳雲)[5]은 양쯔강 하류지역의 전통음악 장르인 핑탄(評彈)의 주요 후원자였다.[6] 또한 당의 공안기관장이었던 캉성은 뛰어난 국화 화가였다.

마오쩌둥은 뾰족한 구두나 바이올린 연주에 발끈하는 것이 아니라 보다 제대로 중국 문화의 방향을 전환할 수 있기를 바랐다. 1963년 마오쩌둥은 상당한 노력을 기울였음에도 혁명 중국의 예술적 성취가 너무 적다고 다음과 같이 불평했다. "많은 공산주의자들이 사회주의 예술이 아니라 봉건적이고 자본주의적인 예술을 장려하는 데 열성적인 것은 말이 안 되지 않느냐?"

장칭과 모범극〔樣板戲〕

마오쩌둥은 사회주의 예술의 진작(振作)을 자신의 아내인 전직 여배우 장칭에게 맡겼고, 그녀는 일련의 모범극을 조직했다. 장칭은 문화부장이던 위후이융(于會泳, 1925~1977)을 비롯해 경험이 많은 가수, 무용수, 작곡가 그룹과 함께 일하면서 일종의 프로듀서 역할을 수행했다. 이 작품들은 오케스트라와 발레 등 서양의 요소를 선택적으로 도입하여 예술을 현대화하려는 예전부터의 흐름에 동참한 것이었지만, 다른 점은 오락이 아닌 혁명을 위해서였다. 장칭은 자신의 새로운 작품들을 자랑스러워했으나 경쟁은 용납하지 않았다. 그녀는 문화대혁명 이전부터 이와 같은 자신의 작업을 시작했지만 지배적인 위치를 차지하게 된 것은 〔군대의 대두와 함께〕 민간 좌파 활동가들이 숙청되고 대중 동원이 끝난 뒤였다. 장칭은 문화대혁명이 홍위병을 강제 해산시키던 1967년 5월에 전국적으로 8개의 모범극 작품군을 선보였다.

가두연극으로 공연된 작품도 있었지만 우한에서 공연된 뮤지컬 연극 〈주자파 권력자 왕광을 포격하라〉처럼 더 큰 야망을 품은 작품도 있었다.[7] 더 악명 높은 작품은 톈진에서 상연된 연극 〈신시대의 광인(新時代的狂人)〉이다. 이 연극의 주인공은 문화대혁명 이전에 류사오치의 저술을 비판한 노트가 적발되어 정신병원에 수감되었던 천리닝(陳里寧, 1933~)

이었다. 천리닝은 류사오치가 권좌에서 물러나자 풀려났고 해방된 정치범으로 칭송받았다. 중앙문혁소조의 왕리(王力)와 치번위가 이 연극을 후원했다. 그러나 천리닝은 마오쩌둥을 비판하는 메모도 보관하고 있었는데, 문화대혁명 좌파에 대한 숙청이 탄력을 받고 있을 때 이 메모가 발각되었다. 장칭은 천리닝이 영웅도, 미치광이도 아닌 반혁명분자라고 선언했다. 이 연극은 '5월 16일 음모'에 연루되었다는 오명을 뒤집어썼는데, 이 마오쩌둥주의에 반대했다는 도당은 사실 존재하지도 않았고 왕리와 치번위 등 떠오르던 좌파 정치인을 무너뜨리기 위해 날조된 것이었다.

장칭은 자신이 치밀하게 계획한 예술 프로젝트에 도전하는 그 어떤 경쟁자도 경계했고, 즉흥적인 홍위병의 창작물에 대해서도 극도로 예민하게 반응했다. 그녀는 홍위병운동이 끝날 무렵 조성된 유리한 상황을 이용해 가장 극단적인 문화민족주의를 막았다. 장칭은 홍위병이 부르주아적이라고 공격한 해외에서 수입된 두 가지 예술 형식, 즉 유화와 피아노 음악을 보호하기 위해 개입했던 것이다. 장칭은 이 두 가지 형식이 중국 예술을 탈바꿈시킬 수 있는 가능성을 열어준다고 보았다. 그녀는 예술가와 애호가들 개인이 예술로 고통받는 것을 보고 즐거워했지만, 수준 낮은 홍위병들이 유화의 깊고 화려한 색채나 서양음악의 풍부한 음색을 그녀에게서 빼

앗는 것은 내키지 않아 했다. 1968년 2차례에 걸친 캠페인은 유화 〈안위안으로 간 마오쩌둥 주석(毛主席去安源)〉과 모범극 〈홍등기(紅燈記)〉의 피아노 버전을 새로운 혁명적 성취라며 치켜세웠다. 두 작품 모두 신진 예술가가 부각되었다. 화가 류춘화(劉春華, 1944~)는 1924년 광부 파업에 참가한 젊은 마오쩌둥의 성스러운 모습을 표현했는데, 이 그림은 복제본으로 전국에 9억 장이 그려졌다. 모스크바 차이코프스키 콩쿠르에서 우승한 피아니스트 인청쭝(殷承宗)[8]은 장칭의 가장 인기 있는 모범극 중 하나에서 피아노 반주를 맡았다. 사실 해외에서 들어온 서양 회화와 음악은 문화대혁명 기간 내내 논란의 대상이 되었다. 그러나 이제 서양 예술의 기본 방법과 소재를 혁명을 위해 정화하여 활용하는 것에 대해 아무도 문제삼지 않았다.

〈홍등〉은 8편의 '모범극'으로 구성된 초기 작품군 중 하나였다. 5편은 혁명적인 주제를 다룬 경극(京劇)으로, 줄거리뿐만 아니라 편곡과 연출도 현대화했다. 2편은 발레, 1편은 교향곡으로 장칭이 외국과의 연관성을 축소했어도 발레나 교향곡 모두 해외에서 중국으로 새롭게 수입된 형식이었다.[9]

이러한 모범극은 엄청난 인기를 끌었고 전국 각지에서 공연되었다. 예를 들어 발레 〈백모녀〉는 복수심에 불타는 지주 때문에 머리가 하얗게 변할 때까지 산속에서 숨어지내야 했던 어린 농부의 이야기를 그리고 있다. 마을 사람들은 그녀를 유령으로 오해한다. 하지만 혁명으로 지주가 타도되자 마침내 그녀는 집으로 돌아온다. 이 주제는 혁명적이지만 페미니즘적인 측면도 있다(문화대혁명에서는 페미니즘이란 용어를 사용하지 않았지만). 음악은 분명히 중국 음악이었으나 서양 교향악단의 악기에 맞게 편곡되었다.

중국의 전통 가극과는 달리 음악 연주는 전통적인 현악기의 소규모 앙상블에서 벗어나 음량이 더욱 커졌다. 그러나 새로운 가극에서 더 큰 차이를 보이는 부분은 작품의 내용이었다. 전통 가극은 고대 왕조의 전설에 나오는 도덕적인 이야기를 강조한 반면, 새로운 가극작품들은 혁명시대에서 교훈을 끌어내며 현재를 배경으로 삼았다.

급진주의자들이 혁신을 위해 공연예술을 선택한 이유는 역사적으로 중국에서 문학은 권력과 가장 밀접한 예술이었으므로 그들의 적대자들이 더 견고하게 장악하고 있었기 때문이다. 따라서 연극 분야에서 권력을 잡는 것이 더욱 쉬웠을 뿐만 아니라 장칭은 배우 출신이라는 배경 덕분에 (다른 예술 분야라면 그녀가 가지지 못했을) 무대에 대한 자신감을 가질 수 있었다. 또한 중국 가극은 문학보다 훨씬 대중적인 장르이기 때문에 포퓰리즘 개혁에 더 적합했다. 마지막으로 가극은 소설이나 시와는 달리 아마추어 버전이나 영화 버전 등으로 다양하게 변형할 수 있었다. 이러한 선택은 문화대혁명의 예술에 즉각적인 활력과 정치적 방향성을 부여했다.

그 밖의 또다른 장칭의 미학적 선택들은 지극히 개인적인 이유 때문이었다. 그녀는 민요를 싫어했으므로 대중성이 입증된 민요들을 자신의 작품에 포함시킬 기회가 있어도 제외시켰다. 또한 교향곡에 쓸 악기에 대해 체계적인 오디션을 실시했는데 튜바는 못생겨서 자신의 프로그램에서 사용하지 않겠다고 결정하기도 했다. 장칭이 제작한 복합 예술에는 키치(kitsch)와 세련미가 혼재되어 있었으며, 문화를 통해 중국을 현대화하고자 했던 오사(五四, 5·4 운동)의 전통과 잘 맞았다.

문화혁명의 미학

장칭의 개인적인 기질보다 더 중요한 것은 문화대혁명이 급진적인 새로운 예술을 요구하면서도 오랜 전통을 일부 활용했다는 점이다. 중국에서는 예술을 위한 예술이라는 원칙이 지고지상의 위치를 차지한 적이 한 번도 없다. 서양인들은 종종 예술이 정신적인 고양감을 고취시켜야 하며, 톨스토이의 『전쟁과 평화』를 읽거나 조각상 〈밀로의 비너스〉를 감상하면 더 교양 있고 감성 있는 사람이 되는 데 도움이 된다고 믿는다. 이는 예술을 통해 인간의 속성에 대한 근본적인 진리를 이해할 수 있다는 인본주의적 희망이다. 서양에도 나폴레옹전쟁을 그린 프란시스코 고야(Francisco Goya, 1746~1828)의 무시무시한 그림이나 러시아 혁명을 다룬 세르게이 예이젠시테인(Sergei Eisenstein, 1898~1948)의 영화처럼 설득을 목적으로 하는 예술 전통이 있지만 중국만큼은 아니다. 중국에서는 메시지 전달을 목적으로 하는 예술이 전통적으로 주를 이룬다. 중국의 예술가들은 유급 선전원이든 정권에 대한 반체제 비평가든 정치적 성향에 상관없이 자신의 예술이 당연히 공공생활(public life)에 대해 논평해야 한다고 생각한다. 예술에 정치적인 내용이 포함될 필요는 없지만 대부분의 〔중국〕 예술가들은 예술이 사람을 교화시키고 교육시켜야 한다는 것에 동의할 것이다. 심지어 일부는 예술가가 개인적이고 명상적인 주제로 내면을 들여다보는 것조차 정치적 행위로 간주하기도 한다.

상업에 대한 문화대혁명의 공격은 상업이 예술을 오염시켰다는 관념과 잘 맞아떨어진다. 사실 중국의 전근대 예술의 많은 부분은 상업과 연관되어 있었다. 그러나 상업활동은 종종 선물로 위장되거나 기록을 남기지 않았기 때문에 사람들은 예술이 돈보다 우월하다는 신사적인 허구를 유지할 수 있었다. 문화대혁명은 전문 예술가들의 엘리트주의를 경멸하면서 아마추어 숭배를 부추겼다. 급진주의자들은 노동자, 농민, 군인들도 예술가와 공연자가 될 수 있고, 그들의 참여가 새로운 혁명 문화를 추동할 것이라고 상상했다. 그러나 실제로 장칭은 높은 수준을 고집했기 때문에 암암리에 전문가들에게 아마추어 예술가들의 교습을 맡겼고, 이를 대중들의 눈에 띄지 않게 세심하게 숨겼던 것이다.

마오쩌둥주의운동의 아마추어 이상은 예술을 오락적인 즐거움으로 생각하지 않았다. 예술은 그러한 수정주의적 입장을 취하기에는 너무 진지했다. 예술은 지나치게 실용주의적이었으므로 몽상적인 요소가 포함될 여지가 거의 없었는데, 문화대혁명처럼 유토피아적 야망을 가진 운동에 이런 요소가 없다는 것은 놀라운 일이다. 하지만 설사 예술의 목적이 즐거움이 아니었다고 해도 예술은 여전히 사람들에게 즐거움을 주었고, 특히 문화적으로 빈곤한 농촌에서 더욱 그러했다. 농촌 사람들은 가극을 관람하고 공연하는 것을 즐겼다. 많은 사람들이 메시지가 모호하지 않고 명확한 것을 좋아했다. 사실 농촌에서 달리 즐길 만한 예술이 없었기 때문에 (예술) 체험의 강도가 더 강렬했을 수도 있다. 그러나 또다른 사람들은 허용 가능한 예술의 범주를 옥죄는 것 때문에 계속 힘들어했다. 금붕어 그림을 즐기는 것이 왜 반혁명적인 행위였을까?

문화대혁명은 장식과 복잡함, 수월한 기교를 내세우는 중국 미학에 대해 대부분 관용을 베풀지 않았다. 문화대혁명의 예술은 지나치게 금욕적이어서 유희적인 감각을 전달하기 어려웠다. 특히 전통 수공예품에서 이러한 모습을 볼 수 있다. 이미 칠기, 칠보, 상아나 옥 조각품을 구입하던 부유한 수집가들이 혁명으로 인해 사라져 존립이 위태로웠던 상황에서 문화대혁명은 '술에 취한 양귀비(貴妃醉酒)', '장군과 대신, 화평을 이루다', '〔도교〕 팔선(八仙)' 혹은 '큰 배를 가진 부처(大肚佛)' 등의 이름을 가진 제품들을 더이상 생산하지 못하게 했다. 유명한 징더전(景德鎭) 도자기 공장은 (많은 사람이 탐내던) 마오쩌둥 배지를 생산하는 법을 배웠다. 또한 베이징의 한 공장은 모범극의 인기 캐릭터인 모범 병사 레이펑, 중국 혁명의 캐나다인 순교자 노먼 베순(Norman Bethune)[10] 등 혁명적인 조각상을 위한 새로운 디자인을 고안하기도 했다. 하지만 기교에 대한 추구는 끈질기게 이어졌고 이제는 혁명으로 향했다. 홍콩에 소재한 중국 정부 소유의 한 백화점에서는 대장정에서 결정적이었던 한 전투를 놀라울 정도로 섬세하고 정밀하게 조각한 상아(象牙)를 전시했다. 아주 작은 홍군 병사들이 코끼리 엄니의 끝을 겨냥해 수류탄을 던지며 적을 향해 돌격하는 작품이었다. 하지만 이런 혁명적인 사치품은 시장이 좁았다.

문화대혁명이 훌륭한 통치자는 문화에 관심이 많다는 중

5. 〈소작료 징수 마당〉이라는 작품은 100개의 점토 조상으로 구성된 컬렉션으로, 쓰촨성의 탐욕스러운 지주와 그의 하수인, 고통받는 농민을 묘사했다.

국의 오래된 이상을 전혀 약화시키지 않은 덕분에 중국 예술을 새롭게 정의하려는 마오쩌둥주의의 노력에 정당성이 부여되었다. 하지만 이는 약간의 불협화음을 야기했다. 문화대혁명의 엄격한 미적 제약과 많은 공산당 지도자들의 미적 취향이 충돌하면서 결국 위선을 초래했다. 마오쩌둥은 전통 가극이 금지되었을 때 개인 관저에서 특별히 촬영된 전통 공연들을 혼자서 관람했다. 당의 하급 지도자들은 '학습'이라는 명목 아래 대중에게 공개되지 않은 외국영화를 볼 수 있었다. 한때 정치적 활동을 중단했던 옛 홍군 사령관 주더(朱德)는 1940년대 미국의 유명 코미디 듀오 애벗과 코스텔로[11]의 영화를 보면서 문화대혁명 시절을 보냈다. 캉성은 더욱 심했다. 마오쩌둥의 주요 측근이었던 캉성은 미술 감정에 뛰어났는데, 홍위병이 부르주아 소유주들을 급습해 수집한 물건 중에서 수천 점의 그림, 인장, 서적 등을 선별해 개인 소장품으로 빼돌렸다.

마오쩌둥주의 예술은 과거를 이상화하여 보는 중국 전통과 확실히 단절했다. 중국의 관념은 고대 황금시대에서 이상을 찾는다는 점에서, 진보에서 이상을 찾으므로 미래가 〔지금보다〕 더 좋을 것이라고 생각하는 서구의 관념과 대조적이다. 이 지점에서 마오쩌둥주의자들은 중국의 전통을 봉건적 가치를 담는 그릇으로 보고 그 무게를 혐오하는 5·4 전통에 동참했다. 문화대혁명은 문맹률을 낮추기 위해 한자를 표준화하고 간소화하는 언어 개혁을 계속 추진했다.

마오쩌둥주의자들은 문인학자적 전통에서 취급을 받지 못하던 공연예술의 위상을 높임으로써 최고의 예술 형식이던 문학의 오랜 지배를 무너뜨렸다. 가수 첸하오량(錢浩梁, 1934~2020)과 무용가 류칭탕(劉慶棠, 1932~2010, 훗날 문화부 부부장이 됨), 피아니스트 인청쭝(유명한 협주곡 〈황하(黃河)〉의 작곡가이자 중앙 필하모닉의 부단장) 등이 새로운 스타로 부상했다. 이 시기의 유명한 소설가는 하오란(浩然)[12]으로, 그의 소설 『황금의 길(金光大道)』은 출간 첫해인 1972년에 400만 부가 판매되었다. 그러나 하오란에게는 문단의 동료들이 없다는 특징이 있다. 그는 1970년대 초에 인세를 받은 유일한 작가였으며, 장관급 공무원과 동등한 물질적 대우를 홀로 누렸다.

마지막으로 문화대혁명 예술이 전통적인 성차별을 거부했다는 점은 주목할 만하다. 많은 작품에 강한 여자 주인공들이 눈에 띄게 등장하는데, 이는 여성을 지도자급 위치에 포괄시키려는 문화대혁명의 노력을 강조했다. 따라서 아마도 필연적인 결과이겠지만 일부 사람들은 〈홍색낭자군(紅色娘子軍)〉의 전투원이나 〈홍등기〉의 지략 있고 용감한 여주인공 리티에메이(李鐵梅)에게서 마치 장칭의 비위를 맞추듯 그녀의 모습이 어른거리는 것을 발견했을 것이다.

정치적 통제와 자발성에 대한 두려움

예술 개혁은 정치적 통제 시스템이기도 했다. 이 말은 마오쩌둥과 더불어 노래하고 있는지, 아니면 그냥 재미있게 시간을 보내고 있을 뿐인지를 판단할 수 있는 개개인에 대한 통제를 의미하는 것이 아니다. 그보다는 사람들이 온 나라가 참여하는 활동에 자신도 함께하고 있다는 느낌을 더욱 강하게 가질 수 있도록 예술이 역할을 해야 한다는 것을 의미한다.

문화대혁명은 급진적인 분권화의 시기였다. 이는 부분적으로 의도적인 것이었다. 자립 경제정책에서는 중국의 취약한 교통체계에 과부하가 걸리지 않도록 하는 것이 미덕이었다. 또한 당의 지도부가 공격을 받아 국가행정 구조가 거의 붕괴된 상황이었기 때문에 분권화는 의도치 않은 결과이기도 했다. 다만 정치 및 경제 동향에서 원심력이 커져간 것과 달리 장칭의 예술은 대단히 중앙집권적이었다.

'모범극 작품'의 중국어 명칭인 '양반시(yangban xi, 樣板戲)'는 시험 경작지〔樣板〕를 뜻하는 농업용어를 차용한 것으로, 실험적 연극의 역할을 의미한다. 뛰어난 벼 한 포기처럼 모범 작품은 지역에 따라 변형될 여지가 거의 없이 전국적으로 그대로 복제되어 확산되어야 했다. 베이징에서는 각 작품의 의상 디자인, 소품의 치수, 무대 동선 등을 세세하게 구체적으로 명시한 책을 출판하기도 했다. 가극은 마치 교통정리를 하듯 항상 같은 팔을 들고 있는 마오쩌둥의 거대한 조각상처럼 〔전국 어디에서든 똑같은 형태로〕 전파되었다. 나중에는 베이징 오페라의 지역적 각색이 등장하기도 했지만 장칭이 선호하는 베이징 오페라〔京劇〕 장르가 광둥〔粵劇〕 또는 다른 지역의 가극으로 만들어졌을 때조차 놀랍게도 거의 변형되지 않았다. 대부분의 중국인은 학교에서 베이징 방언에 기반을 둔 표준 중국어(普通話)를 배웠지만 지역 방언은 여전히 일상적으로 널리 사용되었고, 지역 가극과 같이 사랑받는 지역 예술 형식과 밀접한 관련이 있었다. 모범극 작품들은 영화 버전을 비롯해 다양한 매체를 통해 전국으로 퍼져나갔다. 농촌으로 보내진 수백만 명의 도시 젊은이들은 가극에 나오는 곡을 부르며 자신들과 자신들을 받아준 현지 농민들을 즐겁게 해주었다.

특히 1971년 린뱌오가 사망하기 전까지 중국 문화의 군사화는 예술이란 국가 전체에 봉사하는 것이라는 인식을 심어주는 데 기여했다. 문화대혁명을 준비하던 1965년에 군대가 문화부를 장악했다. 이후 중앙 필하모닉 오케스트라를 비롯한 모든 문화예술단은 군대의 후원과 보호를 받기 위해 군복

6. "우리는 아름다운 조국을 단 한 치도 포기하지 않을 것입니다." 인민해방군 음악가들이 야외에서 애국심을 고취시키는 노래를 연주하고 있다.

을 입고 공연했다. 군대 소속의 매우 전문적인 공연예술단 역시 새로운 작품들을 공연했다.

문화에 대한 마오쩌둥주의적 중앙 통제 덕분에 당 중앙은 국가가 실제 보증할 수 있는 정도보다 훨씬 더 통합되어 있는 것처럼 묘사할 수 있었다. 문화대혁명은 인종, 경제, 심지어 성별 차이까지 표면적으로 동질화시켰다. 중국의 막대한 인구와 광활한 면적은 지역별로 특색 있는 문화를 형성하는 기반이다. 북중국과 남중국으로 크게 나뉘기도 하지만 가극, 만담, 회화, 공예에서 성(省) 또는 현(縣) 단위의 예술 특산품이 존재하기도 한다. 문화대혁명 이전에는 억압의 수준까지는 아니었으나 〔문화대혁명 시기에는〕 일부 지역 문화에 대한 선호가 〔확실히〕 억제되었다. 행정 혼란과 경제 분권화의 결과로 인해 지역마다 특색에 맞게 변형된 문화가 사실상 재등장하고 있었는데, 베이징에서 유입된 시끄럽고 고집스러운 문화가 대중들이 이런 지역 문화에 관심을 쏟지 않도록 했던 것이다.

장칭의 문화 개혁은 자발성보다 중앙의 통제를 중요시했다. 그녀와 동료들은 대중정치를 다시 동원하지 않고도 사람들을 고양시킬 수 있는 예술을 창조하고자 했다. 이런 무리한 난제를 상정한 결과 중 하나로 예술이 천편일률적이 되었고, 헌신적인 마오쩌둥주의자들의 눈에조차 새로운 예술작품이 부족해 보였다. 신임 문화부장 위후이융이 이끄는 장칭의 제작팀은 빠르게 작품의 수를 늘리는 데 실패했고, 마오쩌둥 주석의 저격을 면할 수 없었다.

흔히 문화대혁명 예술은 장칭의 여덟 가지 모범극이 전부라고 말한다. 이는 과장된 표현이지만 작품의 수가 적다는 점을 지적하고 있는 것이다. 추후 혁명가극이 좀더 등장했고, 거기에 피아노협주곡 하나, 교향곡 하나, 조각 작품 3종, 발레 두어 편, 구연극과 영화 몇 편, 그리고 약 100편의 소설, 지방가곡, 인형극 등이 추가되었다. 또한 선전 포스터, 그림, 노래 등도 있었다. 이 밖에도 마오쩌둥의 시, 고전소설 『수호전(水滸傳)』, 그리고 린뱌오와 공자에 대한 반대운동〔批林批孔運動〕 기간 동안 재판된 고대의 법가 저작 등도 포함되었다. 정치적으로 특권을 누리는 사람들은 외국영화와 소설을 볼 수 있었다. 그러나 중국처럼 인구가 많고 문화적인 국가에서 10년 동안이나 국민들이 이용 가능한 예술을 명단으로 작성한다는 것 자체가 기상천외한 일이다.

작품 창작이 느렸던 여러 가지 요인 중 하나는 장칭의 목표가 너무 거대하고 웅장했다는 것이다. 그녀의 오만하고 복수심 강한 성격은 예술은 생산하기는 어렵지만 통제하기는 쉽다는 사실을 모두에게 상기시켜주었다.

문화혁명가들은 이제는 사라진 과거의 모든 것을 대체할

수 있는 열정적이며 급진적인 문화가 번창할 수 있기를 진심으로 원했다. 그러나 그들은 대중의 참여가 무엇을 불러올지 모른다는 점만큼은 두려워했다. 1971년 장춘차오는 예술에 대한 감독을 다소 완화할 것을 촉구하며, 새로 발표한 노래는 중앙 당국의 승인을 받을 필요가 없다고 지시했다. 그러나 1976년에도 문화부에는 여전히 신곡을 평가하는 부서가 존재했는데 그 대상에는 (부총리직에서 막 숙청된) 덩샤오핑과 '우경화'를 공격하는 600여 개의 노래가 포함되어 있었다.

예술가에게 부과되는 처벌 기준은 에세이나 그림이 '일정선'을 넘었는지의 여부였다. 그러나 그 선이라는 것이 명확하게 드러난 경우가 거의 없었기 때문에 예술가들을 더욱 불안하게 만들었다. 책임자들은 늘 조심스러운 입장을 취했는데, 그들보다 상급자가 있기 때문이기도 했지만 마오쩌둥주의는 비공식적으로 운영되어 일반 시민들이 이념적 위반사항이 있다고 분노하여 격렬히 항의할 수 있기 때문이기도 했다. 이 시스템은 수백만 명의 열렬한 마오쩌둥주의자가 있을 때는 효과적으로 작동했으나 문화대혁명 이후 정치적 열기가 식으면서 그 검열의 효과는 떨어졌다.

출판할 수 있는 곳이 몇 군데 없게 되자 작가들의 작품을 감시하기는 더 쉬워졌다. 1960년 1,330개였던 잡지와 신문이 1973년에는 불과 50개로 줄어들었다. 1966년 기성 예술

조직의 붕괴로 그들이 후원하던 미디어도 무너졌던 것이다. 그러나 예술가와 다른 지식인들의 전문적인 협회가 해체되었다는 것은 문화혁명가들이 지난 17년 동안 구축해온 지원 체계 없이 활동했다는 것을 의미하기도 한다. 많은 지식인들이 새로운 정권에 협력했다. 하지만 의욕이 꺾인 예술가들은 억지로 글을 쓰거나 그림을 그리거나 안무를 고안하지 않고도 지낼 수 있었다.

농민화(農民畵)와 같은 또다른 새로운 기획은 문화대혁명 후반이 되어서야 시작되었다. 이러한 모험적 사업은 매우 천천히 발전했는데, 그 이유 중 일부는 새로운 농민 예술가를 양성하려면 불편하게도 정식 교육을 받은 (그러나 이념적으로 신뢰할 수 없는) 전문가를 고용해 농민을 훈련시킬 필요가 있었기 때문이다.

모범극 작업을 규정하는 몇 가지 교조적 원칙은 제작에 장해물로 작용했다. 적을 묘사하기가 매우 까다로웠는데 그 이유는 지주, 일본 침략자, 오늘날 '숨어 있는 계급의 적'을 너무 흥미롭게 보이게 하면 안 되었기 때문이다. '세 가지를 두드러지게 해야 하는 이론〔'三突出'理論〕'은 예술가들에게 규칙을 정해주었다. "모든 등장인물 중에서 긍정적인 인물을 두드러지게 한다. 긍정적인 인물 중에서는 영웅적인 주인공을 두드러지게 해야 하고, 영웅적인 인물 중에서는 중심인물을 두드러지게 한다."[13] 실제로 이것은 마오쩌둥의 수많은 포스터에서처럼 영웅들이 태양의 빛으로 넘쳐나는 가운데 출연 분량을 독점하고 있다는 것을 의미했다.

1976년 4월 5일 저우언라이 총리의 죽음을 애도하는 시위에서 예술적 자발성이 다시 나타났다. 톈안먼 광장에 놓인 저우언라이 추모 화환에 수많은 사람들이 시를 내걸었다. 그중에는 장칭과 그녀의 동료들을 격렬하게 반대하는 시가 적지 않았다. 처음에는 즉흥적으로 쓰였던 이 시들도 마오쩌둥이 사망한 후 문화대혁명에 반대하는 조직적인 캠페인의 일환으로 출판되면서 독자들에게 예술이 정치에 얼마나 깊이 얽혀 있는지를 일깨워주었다.

문화 작업의 위험성

원로 예술가들과 그들의 자녀들은 종종 문화대혁명의 표적이 되었다. 그들 대부분은 교육 수준이 높은 가문 출신들이었고, 1949년 당초에는 공산당을 지지하던 사람들이었다. 하지만 1957년 반우파투쟁과 문화대혁명의 이중 타격을 받은 이후 당은 다시 그들의 열정을 이끌어내고 지식을 활용하기는 어려웠다.

예술활동의 위험성은 문화대혁명을 거치면서 더욱 커졌다. 이런 분위기를 막기 위해 1969년 중국공산당은 "문화 노동은 위험하다"는 잘못된 '이론'(文化工作危險論)을 비판하고 나섰다. 부르주아지가 문화를 자신들의 세습적 영역으로 간주하고 노동자와 혁명적 지식인을 위협하고 있다는 믿음이 잘못되었다는 것이다. 당은 문화 부문의 투쟁은 (그렇게 단순하게 보아서는 안 되고) 특히 복잡하다고 주장했지만 그 정도는 신경과민이 된 예술가들을 다시 안심시키는 메시지가 될 수 없었다.

문화적인 작업은 문제가 될 소지가 얼마나 다분한가? 예를 들어 스물네 살의 천밍위안(陳明遠, 1941~)[14]은 과학원(中國科學院) 음향학연구소(聲學硏究所)의 연구원이었다. 어린 시절 그는 좌파 극작가이자 고고학자인 궈모뤄(郭沫若)[15]를 만나 그에게 시 쓰는 법을 배웠다. 나중에 천밍위안은 스승에게 시를 보냈는데, 이 시들이 어쩌다 마오쩌둥이 궈모뤄에게 서신으로 보낸 시들과 함께 파일에 뒤섞이게 되었던 것으로 보인다. 1966년 10월 홍위병은 『마오쩌둥 주석의 미발표 시집(未發表的毛澤東詩詞)』을 등사판으로 제작했는데, 24편의 시 중 마오쩌둥이 실제로 쓴 시는 2편이었고 10편은 천밍위안이 쓴 시였다. 천밍위안은 홍위병들이 과학원 밖에서 자신의 시를 낭독하는 것을 듣고 이 사실을 밝혔지만 감히 주석의 작품을 자신의 작품이라고 주장했다는 이유로 '현행범 반혁명분자(現行反革命分子)'로 낙인찍혔다. 천밍위안은 투옥되었고 린뱌오가 몰락했을 때 비로소 과학원으로 복귀할 수 있었다. 그 이후에도 그는 1978년까지 과학 연구를 재개할 수 없었다. 어느 누구도 감히 마오쩌둥에게 본인이 그 시를 썼는지 물어보지 못했다.

많은 이들이 정치에서 완전히 벗어나기 위해 예술을 포기하기도 했다. 중국의 위대한 두 작가인 첸중수(錢鍾書, 1910~1998)와 선충원(沈從文, 1902~1988)은 1949년에 펜을 내려놓았다. 문화대혁명 기간 동안 공개적으로 작품 의뢰를 거부할 수 있던 사람은 거의 없었지만, 많은 예술가들은 현실적으로 글이 써지지 않고 영감이 떠오르지 않는다고 처신하는 편이 현실적이라는 것을 잘 알고 있었다. 대부분의 예술가들은 국가에 고용되어 있었고, 심지어 꾀병으로 물러나 있던 예술가들도 소속 부서를 통해 계속 국가로부터 월급을 받았다. 바이올리니스트 장상허의 경우는 연루되는 것을 피할 수 있었다. 그의 사상 배경에는 음악밖에 없었기 때문에 정치적으로 발목 잡힐 일이 없었다. 한 의사가 그에게 장기 질환 진단서를 발급해주었다. 그는 4차례 입원을 했고, 두 자녀에게 바이올린을 가르치면서 많은 시간을 보냈다.

책을 좋아하는 많은 홍위병들은 농촌으로 보내진 뒤 예술 분야에서 마음의 피난처를 찾았다. 많은 농촌 마을에서 문맹인 농민들은 교육에 큰 존경심을 가지고 있었기 때문에 젊은 지식인들에게 서예를 연습하거나 고전 서적을 읽을 수 있는 공간을 제공해주었고, 지하에서 활발한 교류를 이어갔다.

또다른 홍위병들은 예술을 농촌에서 벗어나거나 적어도 일상적인 밭일에서 벗어나는 방도로 이용했다. 순회 가무단을 확대하려는 운동이 음악적으로 재능 있는 젊은이들에 대한 새로운 수요를 창출했다. 도시의 공장에서도 비슷한 경향이 일어났는데, 노동자 음악가와 화가들은 동료 노동자들의 생산성 노력을 더욱 증진시키기 위해 리허설과 공연을 한다는 명목으로 정규 업무에서 제외되었다. 이러한 추세 덕분에 중고 바이올린과 아코디언의 가격이 급격히 상승했다.

1976년 마오쩌둥이 사망했을 무렵 장칭과 그녀의 동료들은 정치적 기반이 매우 좁았다. 문화는 강력할 수 있지만 그 힘은 장기적으로만 발휘되며, 결정적인 순간에 제철소나 군인을 이기고 승리하는 경우는 거의 없다. 덩샤오핑은 불만을 품은 예술가들의 보고서를 수집한 뒤 이를 이용해 장칭에 대한 마오쩌둥의 지지를 약화시키려고 했다.

마오쩌둥주의 예술이 중국 문화에 제기한 도전은 엄청났다. 그러나 이러한 예술 문제는 단순한 파괴 대 보존의 대립이 아니라 좀더 미묘했다. 또한 공산당 대 예술가라는 단순한 대립 구도로 축소되지도 않았다. 당과 예술가 모두 함께 몰락했고, 함께 부활했다. 문화대혁명은 파괴적인 동시에 재건의 성격을 가졌다. 문화대혁명의 종말은 예술적 자유의 시대를 보장해주지도 않았다.

문화대혁명 이전을 돌이켜보면 문화대혁명은 '봉건적' 가치의 무거운 짐을 거부하는 급진적 현대화라는 기존의 강력한 '5·4의 기획' 위에 세워졌다. 그러나 문화대혁명은 보다 극단적인 5·4운동가들이 주장한 완전한 서구화(全盤西化)도 포기했다. 대신 마오쩌둥주의자들은 서구의 기술로 뒷받침되는 중국 민족주의를 배양했다.

지금 와서 생각해보면 문화대혁명은 균질화된 문화 관객층을 중국에 탄생시켰다. 이들은 교훈적인 메시지로 연마되었으며, 지역이나 계급 또는 종족성에 주로 호소하는 틈새시장을 배제하도록 형성되었다. 이후 이 관객층은 상업화된 대중 엔터테인먼트 시장이 되었고, 현대화라는 기치 아래 기술 혁신에 대한 추구가 계속되었다. 더욱 중요한 것은 문화대혁명이 정치생활에서 지식인의 특권적인 역할을 무너뜨리는 타격을 가했다는 점이다. 이후 시장화라는 쉼없는 망치질은 지식인의 입지를 더욱 약화시켰다. 심지어 문화대혁명이 특히 공연예술을 강조했던 것도 지금 와서 보면 (처음에는 정치적 목적으로, 그다음에는 시장의 무관심으로 인문학 지식인의 역할이 축소된) 장기적이고 세계적인 추세의 일부로 여겨진다.

제 4 장

‘자력갱생’의 경제

'자력갱생'은 중국의 문화대혁명 경제를 이끈 슬로건으로, 중국이라는 나라의 고립된 처지와 경제발전 전략으로 부족한 자본을 풍부한 노동력으로 대체하려던 마오쩌둥주의의 욕망을 모두 반영한 말이다. [문화대혁명 시기] 중국 경제는 마오쩌둥이 사망한 이후 개혁개방주의자들이 말하는 것보다 선전했다. 다만 전형적인 발전 패턴을 따르지는 않았다. 중국인의 소득은 낮았으나 문해율과 기대수명은 그 정도의 빈곤에서 보이는 일반적인 수준보다 훨씬 높았다. 중국의 자력갱생은 일종의 이데올로기적 청교도주의와 결합하여 공공투자를 위해 개인의 소비를 제한했다. 문화대혁명은 처음에는 경제를 혼란에 빠뜨렸다. 그러나 1968년 이후 중국의 도시들에서는 질서가 회복되었고, 수백만 명의 〔도시 출신의〕 홍위병들은 그때까지도 인구의 80퍼센트가 살고 있던 농촌지역으로 보내져 농사일에 종사했다. 경제는 크게 성장했지만 도시와 농촌 간의 격차는 여전히 문제가 되었다. 문화대혁명은 확실히 마오쩌둥주의적인 경제 기획에 대한 마지막 환호였다. 그러나 인프라 및 인적자본에 대한 마오쩌둥주의적 투자는 그후 중국이 외부세계에 경제를 개방하는 데 없어서는 안 될 기반을 제공했다.

빈곤과 경제성장

중국은 가난했다. 1978년 1인당 국민소득은 2010년 달러 기준으로 859달러였다. 하지만 상대적으로 평등했다. 혁명은 가장 사치스럽게 살던 계급을 제거함으로써 부의 격차를 줄였다. 토지개혁으로 농촌의 지주들은 재산을 박탈당했으며, 지주들의 권력을 지속시킨 종족 조직은 크게 약화되었다. 1956년 자산의 국유화로 민간 자본가들은 자산에 대한 통제권을 잃었지만 국가는 그 대가로 채권을 발행해주고 원리금을 계속 상환해주었다.

문화대혁명은 평등주의를 강화시켰다. 홍위병의 '부르주아' 생활방식에 대한 공격은 기존의 국가정책을 강조했을 뿐이다. 자영업자를 반복적으로 규제한 결과, 사람들이 사용할 수 있는 소비재가 심각하게 부족해졌다. 1952년 중국은 인구 676명당 식당이 1곳이었지만, 1978년에는 8,189명당 식당이 1곳밖에 없었다. 면포, 곡물, 고기, 생선, 식용유, 달걀 등을 구입하려면 배급 쿠폰이 필요했기 때문에 일부 사람들은 불만을 품었지만, 사재기를 예방하고 사람들은 부족한 물품에 보다 더 평등하게 접근할 수 있었다. 재화와 서비스에 더욱 쉽게 접근할 수 있는 수단이 이제는 부(富)를 대신해서 관료적 직위가 되었다. 그러나 최고 지도자들이 누리는 사치품을 제외하고는 관료 특권의 범위는 제한적이었다.

전통적으로 사대부들이 긴 손톱과 긴 가운을 입고 육체노동을 면제받는 것을 과시하던 이 땅에서 육체노동이 찬양받았다. 마오쩌둥주의자들은 "쓰라린 과거를 기억하라〔憶苦〕"라는 캠페인[1]을 통해 옛 중국의 빈곤을 부드러운 방식으로 선전했는데, 이 캠페인에서 나이든 노동자와 농민들이 젊은 청중을 만나 1949년 이전에 그들이 얼마나 힘들었는지를 이야기했다.

사회주의는 소비에서 평등주의를 위한 체제이어야 하는가, 아니면 생산 증대를 위한 동력이어야 하는가? 이 두 가지를 동시에 달성하기는 어렵다. 사회주의 정부는 이러한 긴장을 해소하거나 최소한 모호하게 하기 위해 안간힘을 썼다. 마오쩌둥주의자들은 중국이 아직은 평등주의적 빈곤만을 달성할 수 있는 사회라고 인식하고 개인의 내핍과 검박한 소비를 이상으로 치켜세우면서 더 많은 공공투자를 위한 자금을 마련했다. 그런데 문화혁명주의자들은 종종 이러한 투자를 비효율적으로 배분했다. 그들이 주재한 계획 체제는 서비스 부문의 수요를 무시했고, 지역 간의 격차가 벌어지는 것을 용인했으며, 생활수준의 향상은 느린 정도로만 허락했다.

그렇다고 하더라도 문화대혁명 시기의 경제는 흔히 말하듯이 재앙적인 수준은 아니었다. 중국의 국내총생산(GDP)은 매년 6퍼센트 가까이 성장했는데, 이는 중화인민공화국 초기보다 다소 낮기는 하지만 그래도 여전히 꽤 괜찮은 성과이다. 이 수치는 문화대혁명 이후 호황을 누린 경제와 비교했을 때만 낮게 보이는 정도이다. 이 정도의 수치를 재앙으로 해석하기는 어렵다.

문화대혁명 시기 중국의 성장률은 당시 아시아의 다른 두 가난한 대국인 인도와 인도네시아의 성장률과 비교해도 결코 뒤지지 않는다. 세 나라 모두 대규모 농경사회를 산업화하는 과정에서 비슷한 문제와 제약에 직면했다. 중국은 인도네시아보다는 조금 느리게 성장했지만 인도보다는 2배 정도 더 빠르게 성장했다. 세 나라 모두 타이완, 한국, 싱가포르, 홍콩보다 더 느리게 성장했다. 이 4곳의 상대적으로 작은 지역들은 훗날 빠른 성장세(8~9퍼센트) 덕분에 아시아의 '호랑이들'로 알려지게 되었는데, 모두 해외 원조 및 투자와 부유한 국가에 대한 소비재 수출을 혼합하는 공식에 따라 급성장했다. 빠르게 발전하던 이들 권위주의의 소국들은 해양 운송의 접근성을 갖추면서 섬유, 화학, 전자제품 등 성장하는 서구 소비재 시장에 쉽게 통합되었다.

문화대혁명 초기 2년간의 무질서는 성장을 멈추게 하고 나아가 경제를 위축시켰다. 1966년 9월 초에 최고 지도자들은 반군의 경제 교란을 막기 위해 모든 사람은 "혁명을 견지하고 생산을 촉진하라〔抓革命, 促生産〕"고 요구했다. 1968년까지 홍위병이 해산되자 "노동자계급이 모든 일에서 지도력을 행사해야 한다〔工人階級必須領導一切〕"는 슬로건과 함께 당의 권위가 회복되면서 이때부터 두 해 동안 놀라운 성장이 이어졌다. 그후 문화대혁명의 나머지 기간 동안은 정치적 혼란으로 생산량이 다시 감소한 1976년을 제외하고는 기복이 있기는 해도 완만한 증가세를 보였다.

유토피아주의와 실용주의의 이분법은 일부 사람들이 생각하는 것만큼 절대적이지 않을 수도 있다. 문화대혁명 시기의 중국은 겉보기에 무엇이든 평등주의적이었지만 끈질기게 발전주의적 의제를 유지했다. 마오쩌둥은 경쟁자였던 류사오치와 건국 후 17년의 정책[2]을 비판했지만 이 의제에 있어서

중국의 경제성장률(GDP) 문화대혁명 전·중·후 비교

1952~1965	6.85%
1966~1976	5.94%
1977~2009	9.63%

아시아 3대 대국의 경제성장률(GDP) 1966~1976

중국	5.94%
인도	2.95%
인도네시아	6.95%

는 두 사람 모두 일치했다(제1장 참조). 유사한 발전주의가 덩샤오핑의 개혁개방 프로그램에서도 계속되었다. 접근방식과 강조점의 차이에도 불구하고 중국의 지도자들은 중국을 가능한 한 빨리 부강하게 만드는 것이 국가의 임무라는 데 의견이 일치했던 것이다.

경제적 이상과 수사학

문화대혁명은 경제운동이라기보다는 정치적 운동이었다. 마오쩌둥주의의 급진파는 대중매체, 문화, 선전 부문에 대해서는 확고하게 장악했지만 생산을 감독하는 부처에 대한 통제력은 약했다. 급진파는 문화대혁명의 목소리를 지배했으나 생산의 각 측면을 항상 통제할 수는 없었다. 그 결과 문화대혁명의 이상을 대변하는 경제적 수사들이 많이 나왔어도 경제 현실을 제대로 반영하지 못했다. 급진주의자들은 중국이 계속 좌경화로 나아가야 한다고 소리를 높였다. 대체로는 그렇게 되었지만 공장은 여전히 익숙한 방식으로 제품을 생산했고, 중앙 계획자들은 운동의 이상에 예전보다 더 민감하게 반응하면서도 〔과거와 마찬가지로〕 계속해서 자원을 배분했다. 문화대혁명 초기에 '주자파 2인자'로 매도당했던 덩샤오핑은 1973년에 복권되어 1974년부터 1976년 두번째 숙청

문화대혁명 시기의 연간 경제성장률(GDP 대비 %)

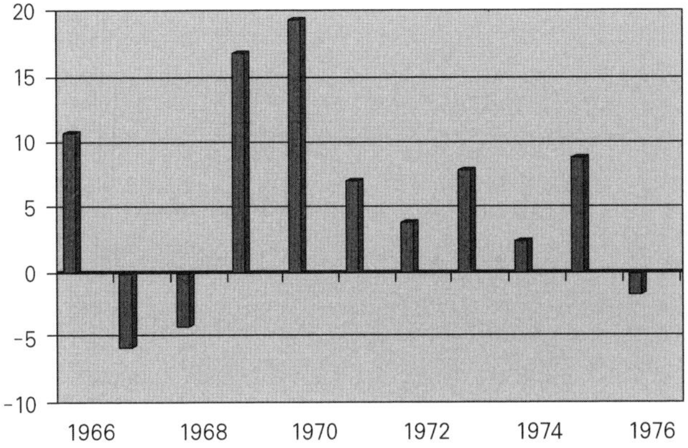

될 때까지 행정부를 이끌었다. 마오쩌둥시대의 후반부는 레토릭(수사)에서 보이는 것보다 더 실용적이었다.

'자력갱생(zili gengsheng, 自力更生, 글자 그대로는 '스스로의 노력으로 다시 살아나는 것'이라는 뜻)'은 마오쩌둥주의의 많은 프로그램이 그렇듯이 가난하고 외진 북서부에 위치한 항전 시기 공산주의 혁명의 수도 옌안의 유산을 이어받았다. 그 유산은 극심한 고립과 제한된 자원에 대처하기 위한 강도 높은 캠페인을 강조했다. 또한 공산당을 지역 농민 문화에 뿌리내리게 했다. 1960년대 이러한 이상의 부활은 혁명의 기억을 소환했다. 다만 이제 옌안의 이상은 전국적인 규모로 더욱 정교하게 중화인민공화국에 적용되었다.

또한 마오쩌둥주의시대의 '자력갱생'은 갑작스러운 대외 원조 중단에 대한 적응이기도 했다. 1960년 중소분쟁이 격화되자 모스크바는 갑자기 〔중국에 파견했던〕 6,000명의 고문들을 본국으로 소환했고, 진행중이던 156개의 대형 경제 프로젝트의 작업이 중지되었다. 구소련의 고문들은 프로젝트의 청사진을 가지고 귀국해버렸다. 그렇게 자력갱생은 중국의 유일한 현실적인 진로가 되었다.

자력갱생을 지지하는 사람들은 고도의 노동 분업에는 회의적이었다. 대신 마오쩌둥주의자들은 경제단위 내에서 '전방위적 발전'을 옹호했다. 각 성(省)은 운송비용과 병목현상을 최소화하기 위해 자급자족해야만 했다. 국가 전체로서는 자력갱생을 위해 수입대체를 해야 했다. 열차 기관차에서 항생제에 이르기까지 자력갱생이 아니라면 해외에서 구입했을 제품들을 중국 국내에서 제조하는 방법을 배워야 했다. 국내 생산의 촉진은 부족한 외환을 절약할 수 있게 했고, 지역 혁신을 자극했다. 수입대체는 신자유주의적 자유무역주의가 등장하기 전까지 1960년대 아시아와 라틴아메리카에서 유행했다. 따라서 중국이 이 정책을 비타협적으로 견지하기는 했지만 정책 자체는 그 시대에 그다지 특별한 것은 아니었다.

마오쩌둥주의자들은 자신들의 경제적 선언을 혁명적 수사학으로 포장하면서 사회주의가 아니면 무조건 자본주의라는 식으로 암시했다. 그러나 마오쩌둥과 류사오치의 충돌은 최근의 평론가들이 아무리 그러길 바란다고 해도 사회주의와 자본주의의 결전이 결코 아니었다. 마오쩌둥주의자들이나 그들의 적대자들 모두 강조점에 중요한 뉘앙스 차이가 있기는 하지만 국가가 경제를 총지휘하는 역할을 견지해야 한다는 점에서는 의견이 다르지 않았다.

중국은 구소련의 명령경제(command economy)와 어떻게 달랐을까? 중국은 훨씬 더 분권화되어 있었고 (부분적으로는 열악한 운송 때문에) 기업의 규모가 훨씬 더 작았다. 분권화는 구소련체제보다 훨씬 더 국가와 지역의 자립을 추구했다. 중국은 물질적 인센티브의 제공 범위는 더욱 줄이고, 개인의 (금욕적) 내핍을 강조하여 개인 소비의 성장을 둔화시켰다. 마지막으로 중국은 '두 다리로 걷기(兩條腿走路, 두 가지 방식을 병용하라는 구호)'라고 불리는, 첨단기술과 토착기술을 함께 발전시키는 방식을 옹호했는데, 예를 들어 서양식 의학과 중국의 전통 약초학과 침술을 혼합하려는 노력과 같은 것들이었다.

마오쩌둥주의자들은 물질적 인센티브를 불신했지만 그렇다고 성공적으로 이를 제한하지도 못했다. 농민들은 농사기술, 근면성, 정치적 헌신도를 평가하는 노동점수제〔工分制〕에 따라 인민공사의 수확으로 거둔 수입을 나누었다. 반면 도시의 노동자들은 기존의 노동등급제〔等級工資制〕에 따라 임금을 계속 지급받았다. 공무원의 등급을 매기고 급여를 지급하는 방식 역시 그대로 유지되었다.

한편 문화대혁명의 수사학은 순수한 혁명적 의지가 물질적 제약을 극복할 수 있다는, 하늘을 찌르는 전투적인 스타일을 수용했다. 마르크스주의 이론에서 말하는 '의지주의(voluntarism, 또는 주의주의)'는 잘 활용하면 역사의 동력을 가속화시킬 수 있다. 가무단은 노동자들을 즐겁게 하고 사기를 북돋워주었다. 혁명적인 노래를 듣고 노동자들이 고무되어 더욱 열심히 일한다면 훨씬 더 좋을 것이다. 장칭 자신은 톈진(天津)의 한 마을인 샤오진좡(小靳庄)의 후원자였는데, 그녀는 더 많은 생산을 촉진하기 위해 대중의 예술 참여를 강조했다. 덩샤오핑은 세상을 변화시키겠다는 샤오진좡의 아마추어적 비전(vision)을 조롱했다. "폴짝폴짝 뛸 수는 있겠지만 양쯔강을 건너뛸 수 있는가?"

샤오진좡은 전국에 특별한 교훈을 심어주기 위해 대대적으로 홍보된 모범 단위였다. 당은 이런 모범들을 신중하게 찾아내고, 다듬고, 보조금을 지급하고, 보호했다. 가장 칭송받은 두 모범 사례는 산시성의 한 마을과 헤이룽장성의 유전이었다. "농업은 다자이(大寨)에서 배우고, 공업은 다칭(大慶)에서 배우라〔農業學大寨, 工業學大慶〕."

다자이 생산대대는 가파른 산비탈에 계단식 경지를 공들여 만들어 농업생산을 증대시켜 모범이 되었다. 당은 생산 일정을 조직하는 데 정치 캠페인을 동원했다. 현금 인센티브를 포기하고 도덕적 설득을 선택함으로써 다자이 모델은 중국에 부족한 자본을 노동력과 정치적 의지로 대체했다. 다자이는 방문객들이 배우기 위해 몰려드는 혁명 관광지〔紅色旅游景點〕로 발전했다. 〔다자이와 달리〕 관개가 잘 되어 있고 평지인 양쯔강 하류 평야의 마을은 다자이의 정치 정신을 모방하는 것 이외에 농경을 어떻게 발전시킬 수 있을지 분명하지 않았다. 다자이의 지도자 천융구이(陳永貴)[3]는 마을의 유명세를 타고 〔국무원〕 부총리까지 되었다. 비록 정치적인 유력자는 결코 아니었지만 천융구이의 승진은 농민의 지위를 향상시키고자 하는 마오쩌둥주의의 열망을 상징했다.

생산의 선두주자로 산업 분야에서 다자이와 쌍벽을 이룬 곳은 랴오닝성의 다칭 유전이었다. '철인(鐵人)' 왕진시(王進喜)[4]와 같은 강인한 지도자들은 가혹한 환경에서 각고의 노력을 기울인 전설적인 영웅으로 묘사되었다. 다칭의 노동자들은 혹독한 만주의 겨울 추위 속에서 석유를 시추했다. 그들이 외투를 수선해 입은 것은 마오쩌둥주의적 내핍을 증명하고 낭비를 막은 일화로 유명해졌다. 그러나 다자이와의 유사점이 널리 홍보되었음에도 불구하고 석유산업은 중국에서 가장 자본집약적이고 모방하기에 적합하지 않은 산업 중 하나였다. 하지만 다칭은 중국 석유의 절반을 생산했으며, 문화대혁명 이후 생산량이 급감하기는 했어도 경제에서 중요한 역할을 담당했다. 이러한 모델은 1950년대 후반의 대약진(노동력과 정치적 의지가 결합하면 모든 제약을 극복할 수 있다)을 떠올리게 하지만 훨씬 온건한 수준이었으며, 새로운 세상이 곧 열린다는 식의 인식은 없었다.

똑같이 찬양을 받은 또다른 모범 사례는 장소가 아니라 사람, 바로 병사 레이펑이었다. 부모가 일본과 지주에게 희생되어 고아가 된 그는 당의 품안에서 보금자리를 찾았고, 동료 병사들이 잠든 사이 양말을 꿰매주는 등 선행의 귀감이 되었

7. 다자이 생산대대의 농민들이 밭일을 잠시 멈추고 마오쩌둥의 어록을 함께 읽으며 집단 정치학습을 하고 있다. 지도자 천융구이는 마오쩌둥 배지를 달고 있다.

다. 그는 문화대혁명이 시작되기 전에 사망했지만(실제로 존재했다면), 마오쩌둥 주석의 저작에 대한 성실한 학습, 검소함, 혁명에 대한 사심 없는 헌신으로 대중의 모범이 되었다. 레이펑은 평범한 서민의 영웅이었으며, 이상화된 예의범절의 수호신과 같은 존재가 되었다.

각종 모범 사례가 문화대혁명의 이상을 실현하는 수단이었다면 도시 시민에 대한 사회통제의 기본 요소는 그들의 노동 단위, 즉 그들을 고용하는 직장과 공장이었다. 직장은 안정적인 일자리를 제공할 뿐만 아니라 주택 보조, 의료, 연금, 학교, 휴가, 오락, 버스표 및 기타 서비스 등을 제공했다. 직장이 이처럼 방대한 범위의 필수 서비스를 제공했으므로 노동자의 직장에 대한 의존성이 높았던 것은 그리 놀랍지 않다. 상사는 직원들에게 좋은 주택을 배정할 수 있었고, 심지어 결혼을 주선할 수 있는 위치에 있었다. 처음에 인구 이동을 추적하기 위해 도입했던 거주허가제도는 1959년의 기근 이후 농민들이 도시로 몰려드는 것을 막기 위한 통제장치로 바뀌었다. 특히 수백만 명의 젊은 도시 거주자들이 시골로 보내지면서 도시 거주 허가증은 매우 귀하게 여겨졌다. 눈치 빠르고 운이 좋은 대부분의 노동자들은 자신의 자녀들에게 도시의 일자리를 물려주었다. 그러나 농민은 농업생산대와 생산대대의 일원이었으며, 이 단위는 〔국유도 사유도 아닌〕 집단 소유였다. 따라서 농민은 직원이 아니었고 보조금을 많이 받는 도시의 노동자들에 비해 혜택이 적었다. 또한 농민은 규율하기가 더 어려운 경우가 많았다.

만성적인 도시와 농촌의 격차

마오쩌둥주의의 평등주의적 운동은 중국 사회의 지속적인 물질적 불평등을 제거할 수 없었다. 그중 일부는 지역적 불평등이었다. 산업은 북동부와 연해지방에 집중되어 있었다. 자력갱생은 각 지역사회가 자체 자원을 최대한 활용하게 했다. 이러한 체제 아래에서는 자원이 많은 지역일수록 더 잘살기 때문에 산간의 농촌 마을이 여전히 가난하거나 소수민족이 거주하는 외딴 지역이 경제적 지위를 향상시키기 어려웠던 것은 놀랍지 않은 사실이다.

또다른 고질적인 불평등은 농민과 도시 노동자를 나누는 '만리장성'이었다. 도시에서 일자리를 얻으려면 도시 호적에 등록해야 했다. 인구의 5분의 4가 농촌에 거주했고, 농민들은 사실상 시골에 갇혀 살아야 했다. 문화대혁명은 더 많은 사람들을 도시에서 시골로 몰아냈다. 홍위병 출신 중 상당수는 2년에서 10년 이내에 결국 도시로 돌아갔다. 도시 관료들은 '5·7간부학교(五七幹部學校)'[5]에 파견되었지만, 지역 농민들과 격리된 채 새로운 농업 프로젝트를 추진하면서도 실제로는 도시에서 계속 월급을 받았다.

1962년부터 1981년 사이 농촌생활은 약 30가구씩을 묶은 집단 단위로 조직되었는데, 이 단위가 모여서 한 마을이나 지구를 구성했다. 생산대대(生產大隊)[6]는 노동점수제에 따라 수확에 따른 수입을 분배했다(중국 북부의 경우 1년에 1번, 남부에서는 최대 3번). 생산대대는 행정 및 사회 서비스를 제공하는 약 2,000가구의 더 큰 인민공사에 소속되었다. 이 시스템은 농작물 재배에 가장 효율적인 방식은 아니었지만 농업 투입(노동력, 비료, 물)을 동원하고 신용, 교육, 보건, 농촌산업 등 비농업활동을 조직하기에는 좋았다.

농촌의 마을마다 내부 사정은 천차만별임에도 한결같이 계급투쟁을 반복적으로 재연했는데, 여기에서 계급이란 현재 그렇다는 의미가 아니라 〔과거의 계급 신분을 가리키는〕 역사적인 의미였다. 지역에서는 빈농 및 하층 중농조합의 회원들이 지역 공산당 권력의 기반을 제공했다. 이들 (마을 인구의) 다수를 차지하고 있는 사람들이 '흑오류'로 분류된 몇 안 되는 소수의 사람들을 면밀하게 조사했다. 우파가 있는 농촌 마을은 거의 없었지만 있다면 지식인이었다. 그러나 모든 마을에는 옛 지주 또는 부농의 가족들이 있었는데, 이들 중 혁명에 위협이 되는 사람은 거의 없었다. 대부분은 문화대혁명이 끝날 때까지 크고 작은 방식으로 괴롭힘을 당했다. 지주의 딸은 공산당이나 민병대에 가입할 수 없었으며, 교육 기회에 대한 추천도 받을 가능성이 거의 없었다. 부농의 아들은 자신의 계급에 따라다니는 오명을 기꺼이 감수할 신부를 찾기 어려웠을 것이다. 1949년 이전에는 가장 가난한 남성 농민들이 결혼할 수 없었으므로 많은 농민들은 새로운 질서를 어느 정도 마땅하다고 여겼을 수도 있다. 때때로 문화대혁명의 계급 담론은 단지 종족 간의 경쟁 같은 지속적이고 오래된 마을 내 정치 구도를 은폐하기도 했다. 넓은 의미에서 농촌의 계급 관계는 카스트제도와 비슷한 형태로 변형되었으며, 사회적 관계와 통혼의 장벽은 실제의 자산 구분보다 더 높아졌다.

1966년 이전에 1,700만 명의 청년이 농촌으로 내려갔다. 일부는 자원했지만 대부분은 해산된 홍위병으로 선택의 여지가 거의 없었다. 이들은 표면적으로는 공산주의 토지개혁의 혜택을 받은 '빈농과 하층 중농'에게 배우기 위해 농촌으로 내려간 것이었다. 상산하향 프로그램[7]은 홍위병의 오만함을 누그러뜨리는 동시에 도시의 실업 문제를 해결하는 대처 방안이었다. 반발이 생기는 것은 불가피했지만 공개적으로 드러나지는 않았는데, 대부분 하방된 젊은이들과 그들을 받아들인 농민들이 불평하는 것에 그쳤다. 하지만 린뱌오의 아들이 마오쩌둥의 암살 음모를 정당화하면서 제기한 그의 불만 중 하나가 젊은이들을 농촌으로 보내는 것이었다. 그는 이 관행이 사실은 위장 실업의 한 형태라고 주장했다.

일부 마을에서는 교육을 받은 새 이주자들을 환영하고 존중했다. 그러나 다른 마을에서는 이들을 성가신 존재, 미숙련된 농장 일손, 일은 거의 하지 못하는데 먹여는 살려야 할 군식구라고 여겼다. 많은 도시의 청년들은 즉시 농촌에서 탈출할 방법을 모색했다. 일부 청년들은 마을 주민들과 평생의 유대관계를 맺어 〔도시로 돌아간 뒤〕 지금까지도 그 관계를 지속하고 있다. 일부는 평생 그곳에 남아 헌신하겠다며 현지인과 결혼하기도 했다. 대부분의 도시 청년들은 농민들이 얼마나 가난한지를 보고 충격을 받았다. 전직 홍위병들은 자신들을 받아준 농민들이 얼마나 적게 먹고 입는지를 직접 목격하고 자신들이 생각했던 것보다 도시생활이 훨씬 더 풍요로운 것이었음을 깨달았다. 실제로 도시와 농촌의 소득 비율은 약 3대 1 정도였다.

마오쩌둥주의자들조차 농민의 지위를 바람직한 수준으로 높이지는 못했다. 중국의 젊은이들은 노동자와 군인의 일자리를 놓고 치열하게 경쟁했다. 이 두 직업 중 어느 하나를 얻게 되면 농장 노동을 면할 수 있도록 보호받을 수 있었으므로 〔문화대혁명 시기에는〕 신종의 사회적 지위 상승을 의미했다. 대학은 문화대혁명이 급진적으로 시작되는 단계에서 문을 닫았다. 1970년 이후 대학이 신입생 모집을 재개했을 때 지원자는 국가 입학시험이 아닌 직장의 추천과 가족 배경에 따라 선발되었다. 오늘날 언론인들이 문화대혁명 기간 동안 지식인이나 관료들이 공장에서 일을 해야 했다고 보도할 때 보편적으로 놓치고 있는 핵심은 문화대혁명 당시 공장의 일자리는 일반적으로 (사회적 지위의) 하향 이동이 아니라 상향 이동으로 간주되었다는 점이다. 중국은 농촌생활을 순수하고 목가적인 것으로 이상화하면서도 실제 농민은 경멸하는 오랜 전통을 가지고 있다. 문화대혁명 시기는 중국 역사상 그 어느 때보다 친농민적이었지만 공산당이 농민 혁명가들에게 진 막대한 빚에도 불구하고 이러한 도시의 속물근성을 피할 수는 없었다.

국가는 농업 부문을 착취하여 공업화를 이루기 위한 자금을 조달했는데 이는 문화대혁명 시기에도 변함없었다. 국가는 강제 곡물 수매 할당분에 가격을 고정적으로 책정했으나 경작자들은 상대적으로 비싼 가격으로 공산품을 구매해야 했다. 따라서 농경은 수지가 맞지 않았지만 지리적 이동을 제한했기 때문에 농민들은 토지에 묶여 있었다. 공업이 농업보다 더 빠르게 성장하면서 식량 생산량을 늘려야 한다는 압박이 커졌다. 농업생산성은 끊임없이 문화대혁명의 정책 입안자들을 제약했다. 이들은 새로운 경지를 계단식으로 조성하고, 새로운 노동력을 활용하며, 이데올로기적 생산 독려를 강화하는 방식으로 〔농업생산의〕 효율성을 높이고자 했다.

1966년에서 1976년 사이에 관개시설을 갖춘 경작지는 거의 3분의 1이 증가했다. 이 경작지 모두가 효율적인 것은 아니었는데, 때로는 다자이 모델이 잘못된 지형에 무분별하게 적용되기도 했기 때문이다. 다자이 모델은 토지를 평평하게 만들어 관개를 용이하게 하여 농산물 증산을 가능하게 했다. 다만 이전이라면 농한기였을 겨울철에 농민들에게 도랑을 파게 하는 문화대혁명의 농민 동원이 아니었다면 불가능했을 것이다. 비료 사용량은 크게 증가했지만 상대적으로 질이 낮았으며, 훗날 개혁개방 시기와는 비교할 수 없는 수준이었다. 종자 개량에서 이룬 중요한 혁신은 아시아 다른 지역의 '녹색 혁명'의 발전과 유사했다.

노동력의 개선

가장 큰 경제적인 성공은 중국의 인적자본을 향상시킨 점이다. 마오쩌둥주의자들은 가능한 한 풍부한 노동력으로 부족한 자본을 대체했는데, 그들은 노동자의 건강과 교육을 개선하고 더 많은 여성들을 일터로 끌어들임으로써 이러한 접근법을 확대했다.

공중보건의 성과도 두드러졌다. 1949년 35세에 불과했던 출생시 기대수명은 1980년에는 65세로 늘어났다. 이 수준은 인도와 인도네시아보다 12년이나 더 길었다. 기대수명 증가의 대부분은 영양 개선, 영아 사망률 감소, 전염병 통제에서 비롯되었다. 약 200만 명의 농민들이 야심찬 농촌 준의료 네트워크에서 '맨발의 의사(barefoot doctor)'[8]로 훈련받았다. 이 맨발의 의사들은 특별히 장비를 잘 갖추고 있거나 의술이 뛰어나지는 않았지만, 마을 주민들과 함께 일했기 때문에 접근성이 뛰어났으며 거의 무료로 서비스를 제공했다. 이는 이전 시기 동안 크게 증가한 농촌 의료서비스에서 가장 칭송받은 부문이었다. 문화대혁명이 끝날 무렵에는 중국 병상의 3분의 2가 농촌지역에 분포되어 있었다.

지도자들은 서양식 의학과 한약 및 침술과 같은 전통적이고 비용이 적게 드는 치료법의 통합을 촉구했다. 서양식 치료와 중국식 치료를 통합하려는 노력은 초기에 한약을 농민들의 무지로 여기는 의료 전문가들의 저항 때문에 크게 진전되지 못했다. 그런데 문화대혁명은 의학 및 기타 기술 분야에서 전문가들이 '적색(좌파사상)'에 저항할 수 없도록 만들었다. 과학자들은 최고의 토착 요법을 테스트하고 개선하도록 요구받았다. 침술은 병원에 도입되었고, 저가의 제조 약품은 맨발의 의사들에게 지급할 장비 키트에 포함되었다. 그 결과는

8. 맨발의 의사에게 천연두 예방 접종을 받기 위해 줄을 선 아이들.
중국은 문화대혁명 기간 동안 농촌에 공중보건을 확대했다.

서양 유화와 교향악의 기법으로 중국적 주제를 다룬 문화대혁명의 예술 프로그램과 거의 유사했다. 그러나 의학에서는 이러한 혼종이 중국의 모더니즘과 민족주의를 모두 반영하는 동시에 효과적이면서도 비용이 적게 드는 프로그램의 추구를 보여주었다.

교육 분야에서 이룬 유사한 성과도 매우 큰 영향을 미쳤다. 1964년 중국의 성인 문해율(15세 이상)은 43퍼센트였으나 1982년에는 65퍼센트로 증가했다. 이 수치는 실제 성과에 비해 과소평가한 것일 수 있는데, 1982년 15세에서 19세까지 인구 집단(cohort)의 중국인 문해율은 90퍼센트였다. 이는 1981년 인도의 성인 문해율 41퍼센트, 동일 연령 집단의 문해율 56퍼센트에 불과한 것과 비교된다. 중국의 문해력이 급격히 증가한 것은 1965년에서 1976년 사이에 농촌 중학교가 전례없이 15배나 증가했기 때문이다(중국어로 문해력을 갖추려면 알파벳을 사용하는 언어들에 비해 2년의 조기교육이 추가로 더 필요하다).

보건 시스템의 개혁과 마찬가지로 타도된 학교 전문가들은 〔만약 타도되지 않았다면〕 새로운 교육 프로그램을 승인하지 않았을 것이다. 문화대혁명 시기에 학교는 교실을 학생들의 삶과 연관성 있게 만들기 위해 교육과 노동을 혼합했다. 노동-학습 연계 프로그램은 유교 경전을 암기하고 주해하는 유교적 교육 전통이나 교육의 목표를 지성적인 엘리트 양성에 두는 사상의 안티테제(antithese)였다. 또한 새로운 제도는 아동노동을 금할 수 있었다. 노동점수에 따라 집단 수확물을 분배했기 때문에 가족의 소득을 늘리기 위해 〔농민들이 일을 시키려고〕 자녀를 학교에 가지 못하게 할 동기가 줄었기 때문이다.

문화대혁명 시기 교육에 대한 이러한 긍정적인 시각은 보편적인 통념에 반하는 것이다. 일반적으로 마오쩌둥주의자들의 학교 폐쇄를 비난하지만 사실 초등학교는 계속 운영되었다. 고등학교 수업은 마오쩌둥주의자들이 홍위병을 거리에서 몰아낼 방법을 필사적으로 찾던 1967년에 재개되었다. 문을 닫은 학교는 대학이었는데, 대학은 1970년에 이르면 신입생 입학이 중단되었다. 이처럼 문화대혁명은 저변에서 초등학교와 중등학교를 대폭 확대했지만 대학은 심각하게 위축시켰다. 대학교육의 중단은 엘리트 가정에게 유리했던 문화자본이 일시적으로 유예된 것으로 볼 수 있다.

1972년부터 1976년까지 대학은 신입생을 국가 입학시험으로 선발하는 대신 지방 관리들이 지원자의 가족 배경과 직장 성과를 바탕으로 〔후보자를〕 추천하면 등록시켰다. 지방에서의 시험은 종종 지원자를 분류해 선발하는 데 도움이 되었다. 이렇게 선발된 '노동자-농민-군인' 학생〔工農兵學員〕[9] 인구 집단은 1978년 이후 폄하되었지만, 〔문화대혁명 상황의〕 중국에서 대학을 다시 재건하려는 진지한 노력을 시사하기도 한다.

대학의 문을 다시 여는 것에 대한 정치적 저항은 거셌다. 1973년 고등학생이었던 장톄성(張鐵生, 1950~)은 농촌에서 원치 않는 노동을 하며 5년을 보낸 뒤 시골에서 탈출할 방법을 찾고 있다가 랴오닝성의 대학에 입학 지원서를 냈다. 시험에서 고전하던 그는 중간에 문제 풀기를 포기하고 대신 자신이 밭에서 힘들게 일하는 동안 어떤 쓸모 있는 일도 하지 않았던 '책벌레들'을 비난하는 에세이를 제출하여 유명해졌다. 그의 튀는 행동은 전 세계의 절실한 학생들의 것과 닮았다(질문에 답할 수 없다면 다른 것을 써라). 하지만 문화대혁명 말기 장톄성은 엘리트주의 사조를 과감히 거스른 좌파의 영웅이 되었고, 짧지만 화려한 정치 경력을 누렸다.

기본적인 보건과 교육에 대한 접근성이 높아지면서 노동력의 질이 향상되었고, 여성의 유급 고용이 확대되면서 노동력의 규모가 커졌다. 문화대혁명은 "여성이 하늘의 절반을 떠받친다〔婦女能頂半邊天〕"고 주장하며, 전통적인 성차별적 고용 장벽에 맞서 싸웠다. 도시에서는 거의 모든 젊은 여성이 노동 인구에 합류했다. 이 시기에 개인 임금은 정체되었지만 가족 소득이 증가하면서 남성 가족 구성원이 더욱 커진 여성

9. "밤늦게까지 아직 깨어 있다." 벽에 걸린 증명서는 농민 지도자를 의미하고, 잠든 아이는 그림 속 여성이 기술 지식을 습득하기 위해 밤늦게까지 공부하는 어머니라는 것을 나타낸다.

의 권한을 받아들이게 했다.

1960년대 정점에 달했던 도시 출산율은 일하는 여성이 증가하자 감소세로 돌아섰다. 더 많은 노동력 공급을 원하던 마오쩌둥의 열정은 처음에는 인구 통제 노력을 저해했다. 그러나 이러한 경계는 1971년 새로운 인구정책이 시작되면서 끝이 났고, 1978년까지 출산율은 절반으로 감소했다. 홍위병의 농촌 하방은 정상적인 사회 환경에서 생식능력이 있는 인구 집단을 사라지게 하여 결과적으로 인구 감소를 도왔다. 또한 국가는 사람들에게 결혼을 늦게 하고, 자녀를 적게 낳으며, 출산 간격을 길게 할 것을 요구했다. 이러한 조치는 부부가 자녀 계획을 세우도록 강요했지만 1980년에 시작된 한 자녀 가족정책보다는 훨씬 유화적인 것이었다. 문화대혁명이 끝난 후 덩샤오핑의 개혁은 의, 식, 연료, 교육, 장례식 등 '5대 보장'을 포함한 중국 농촌의 집단 농업, 교육, 보건, 사회 시스템을 폐지했다. 스스로 해결하도록 남겨진 농촌 가정은 다시 자녀를 일종의 노후 보장 시스템으로 간주하기 시작했다. 이에 대응하여 국가는 인구 증가를 제한하기 위해 더욱 가혹한 조치를 취하기 시작했다.

여성은 포스트 문화대혁명 정책의 부담을 떠안았으며, 국영산업이 폐쇄되면서 가장 먼저 일자리를 잃었다. 이 두 '개혁'은 모두 장칭에 대한 공격과 함께 시작되었는데 여성 혐오의 색채가 강했다. 이에 따라 문화대혁명 시기에 이루었던 여성 문제에서의 진척은 후퇴했다.

문화대혁명 시기 의료서비스의 확대, 초등교육의 증가, 여성들의 직장 진출 등은 모두 중국 노동력의 질을 향상시켰다. 그에 따른 생산성 향상은 덩샤오핑의 수출 주도 개혁 프로그램을 비롯한 모든 경제 전략에 도움이 되었다. 교육받은 엘리트층은 서민에 대한 공감 능력이 부족했고, 자신의 특권이 약해지는 것에 불만스러워했으므로 문화대혁명 기간에는 이러한 평등주의적 변화에 소극적으로 저항했고, 문화대혁명 이후에는 격렬하게 비판했다.

공업 투자

자력갱생은 지역 자치를 장려했는데 부분적으로는 운송비용을 절감하기 위해서였다. 그럼에도 불구하고 교통 인프라는 크게 개선되었다. 1968년 난징에 양쯔강 대교가 개통되었다. 미완의 구소련 원조 프로젝트였던 대교가 완공되면서 처음으로 중국 동부의 양쯔강을 철도로 횡단할 수 있게 되었고, 열차 차량을 카페리로 옮길 필요가 없어졌다. 베이징 최초의 지하철 노선은 1969년에 완공되었다. 수천 개의 새로운 교량과 도로가 건설되어 농촌지역에서 자재와 물품의 이동이 개선되었다.

화학비료, 농기구, 관개장비, 시멘트, 전기모터, 수력발전과 같은 제품을 생산하는 새로운 인민공사 기반의 기업이 생기면서 농촌공업은 공업 부문의 역동적인 일부가 되었다. 이들 기업은 상당한 규모의 국가 투자와 세금 면제를 받았다. 포스트 문화대혁명시대의 개혁에 중요한 역할을 한 향진기업(鄕鎭企業)은 이러한 문화대혁명 시기의 농촌공업에서 성장한 것이다.

자력갱생에는 친환경적인 측면이 있다. 가난은 낭비를 하지 못하게 만들고, 지역 상품의 소비는 수송에 따른 오염을 줄일 수 있다. 그러나 문화대혁명의 끊임없는 개발 의제는 환경에 악영향을 미쳤다. 자력갱생은 환경적으로 곡물 재배가 유해한 지역까지 포함해 모든 지역사회에 무조건 곡물을 재배하도록 강요했기 때문이다. '최우선시된 곡물'[10]은 초원에는 좋지 않았고, 화북평야의 지하수층은 〔과용으로〕 심각한 압박을 받았다. 농경지가 확대되면서 호수는 줄어들었다. 하지만 이러한 추세와는 반대로 1970년대에는 산림화정책으로 바이오매스〔지역 내의 생물량〕가 증가했다. 또한 이미 심각한 수준이었던 환경 파괴는 문화대혁명 이후 중국의 개발주의가 급속한 성장의 시장 패러다임으로 전환되면서 더욱 급속도로 악화되었다.

마오쩌둥주의는 소비재에 반감을 가지고 있었기 때문에 공업 발전에서 의류와 같은 경공업보다 중공업을 강조했다. 성장은 괄목할 만한 수준이었지만 투자는 종종 비효율적이었다. 그 대표적인 사례가 중국 내륙 깊숙한 곳에 새로운 공장을 건설한다는 군 주도의 비밀 산업화 프로그램인 이른바 '삼선건설(三線建設)'이다(1선과 2선은 연안 및 중부 군사 방어선). 많은 공장이 동굴 안에 세워지거나 중국 서남부의 산지에 숨겨져 있었다.

미국이나 구소련의 공격에 대비한 이 숨겨진 경제기지에는 막대한 자본이 필요했는데, 이를 건설비가 더 저렴하고 현지 기술이 풍부한 〔연안지역과 같은〕 다른 지역에 투자했다면 더욱 유용하게 쓸 수 있었을 것이다. 그러나 연안지역에 투자하는 것은 미국의 폭격이나 타이완 국민당의 공격에 취약했다. 또한 마오쩌둥주의자들은 여전히 낙후된 옛 혁명 근거지에 과거의 공로를 보상해주고자 했고, 공업기술을 전국에 더 균등하게 전파하기를 원했다. 연안에 더 가까운 저장성(浙江省)과 푸젠성(福建省)의 저개발 산악지대에 세워진 삼선공장도 있었는데, 내지보다는 덜하지만 여전히 중요한 곳이었다. 이곳에서도 무기, 철강, 화학제품을 생산했다.

이처럼 방어적이고 때로는 편집증적이기까지 한 모습은 문화대혁명의 경제정책에 만연해 있었다. 자력갱생은 외세의 침략에 대한 현실적인 불안감에서 비롯된 것이었다. 한때 중국공산당은 시민들에게 "땅굴을 깊게 파고 곡물을 곳곳에 저장하라"고 지시했다. 이는 중국의 운송 시스템에 대한 구소련의 공격을 견디기 위한 아이디어였다. 이로 인해 이전에는 알려지지 않았던 고고학적 유물들이 우연히 발굴되기도 했다. 린뱌오의 사망과 군부 권력의 퇴조는 고립주의적인 삼선건설에 대한 지지를 약화시켰다. 중국과 미국의 화해는 마침내 삼선건설을 종식시켰다.

린뱌오가 사망한 1971년에 중국의 총대외무역은 국내총생산의 5퍼센트로 최저치를 기록했지만 1975년에는 3배로 증가했다. 삼선건설의 종식과 함께 저우언라이와 덩샤오핑은 마오쩌둥의 지지를 얻어 경제정책의 대전환을 주도했는데, 서방에서 11개의 대규모 비료 공장을 수입(플랜트수입)하기로 한 것이 대표적이다. 저우언라이가 '4대 현대화'를 선언한 연설은 문화대혁명 말기의 모험적인 시도였다. 마오쩌둥에서 덩샤오핑으로의 경제 전환은 문화대혁명 이후가 아니라 문화대혁명 기간중에 시작되었으며, 우리가 일반적으로 알고 있듯이 마오쩌둥주의에 대한 전면적인 거부였다기보다는 점진적인 거부였다고 할 수 있다.

마오쩌둥주의의 발전이 없었다면 덩샤오핑의 '기적'은 없었을 것이다. 덩샤오핑 경제개혁의 토대가 된 문화대혁명의 성과에는 높아진 문해율과 개선된 보건, 다수확 쌀 품종, 마오쩌둥주의의 노동 동원으로 건설된 관개 및 수송 프로젝트 등이 있다. 공업 인프라는 종종 비효율적으로 구축되었지만 문화대혁명 이후의 성장에 도움이 되는 유산을 제공했다. 덩샤오핑은 외채로부터 자유로운 경제를 물려받았다. 마오쩌둥주의적 분권화에 문화대혁명의 관료제에 대한 강력한 타격이 더해진 결과, 〔구소련에서 개혁을 가로막았던〕 참호처럼 구축된 경제적 기득권층이 최소화되었다.

물론 문화대혁명 이후의 개혁가들은 〔문화대혁명 시기에 심해진〕 많은 경직성 문제들을 처리했다. 국영기업을 민영화하고 소비재 공급을 개선했으며, 공격적인 대외무역 시스템을 개발하고 신용 시스템을 확대하는 등 중앙 계획에서 벗어났다. 막대한 정치적 비용과 더불어 마오쩌둥주의적 접근방식은 경제적 수익 역시 감소하는 지점에 도달했던 것이다.

개혁이 실제로 1978년이 아닌 1971년에 시작되었는지를 묻는 것은 결코 어리석은 질문이 아니다. 덩샤오핑이 1978년이라는 연도를 고집한 이유는 시장 개혁으로 전환하면서 생긴 불미스러운 일을 일부 정당화하기 위해 문화대혁명 10년 동안의 모든 정책을 (자신이 시행한 정책까지 포함하여) 나쁘게 보이게 할 필요가 있었기 때문이다. 게다가 중국 밖에서도 신자유주의는 시장만이 인간활동(인간사)을 규율할 수 있는 유일한 방법이라고 끊임없이 선전해왔다. 이러한 점이 '포스트 마오쩌둥' 개혁의 궤적이 문화대혁명 도중에 시작되었다는 사실을 보지 못하도록 우리의 시야를 가리는 것이다.

제 5 장

“우리는 전 세계에 친구가 있다”: 문화대혁명의 전 지구적 맥락

문화대혁명은 전 세계적으로 중국이 국제질서를 뒤흔들까 봐 두려워하던 보수적인 지도자들, 그리고 중국의 강대국에 대한 반항과 대담한 실험 및 도전에 감복한 급진주의자들 모두에게 주목을 받았다. 냉전시대의 군사적 긴장으로 고립된 상황에서도 중국은 "전 세계에 친구가 있다"고 주장했다. 중국은 신중하지만 확고하게 미국과 화해함으로써 자국의 고립을 깨뜨렸다. 이러한 국제 시스템에 다시 참여하면서 경제개혁의 길이 열렸다. 많은 영역에서와 마찬가지로 '문화대혁명'이라는 〔포괄적인〕 꼬리표는 매우 상이한 태도의 경계를 모호하게 만드는데, 문화대혁명의 외교에는 국제질서를 거부하는 정책과 수용하는 정책이 모두 포함되어 있었다.

세계혁명의 수사학

문화대혁명의 10년이라는 기간은 전 세계적인 급진주의 정치운동과 시기적으로 일치한다. 미국인들에게는 블랙파워, 페미니즘, 히피족, 베트남 반전운동이 이 시대를 정의했다. 유럽인들에게는 1968년 파리 폭동과 프라하의 봄이 광범위한 문화적·정치적 전환을 나타냈다. 미국과 구소련은 자국의 세력권에 균열이 생기지 않도록 고군분투하면서 경쟁 상대의 영역 내에서 장난칠 기회를 엿보았다. 미소 경쟁은 1968년 구소련의 체코슬로바키아 침공, 1974년 칠레 쿠데타, 아프리카의 저항전쟁, 인도차이나에서의 미국의 전쟁〔베트남전쟁〕 등 국지적 사태를 중요한 지구적(global) 차원으로 끌어올렸다.

중국은 제국주의에 대한 저항을 상징했으며, 문화대혁명은 사회공학(social engineering)에서의 대담한 실험처럼 보였다. 서구에서 마오쩌둥에 열광한 사람들은 중국이 서구 자본주의나 소비에트의 하향식 계획경제를 대체할 수 있는 대안의 길을 열었다고 생각했다. 서구의 시위대는 홍위병의 에너지에 감탄했고, 서구의 페미니스트들은 "여성이 하늘의 절반을 떠받친다"는 마오쩌둥주의의 슬로건을 차용했다. 지금은 이러한 관점이 낭만적으로 보일지 모르지만 새로운 정치 모델에 대한 서구의 대중적 열망과 중국의 고립은 이런 주장들이 진정한 호소력을 가지게 했다. 계급투쟁, 사회주의의 의미, 혁명운동의 미래 등 문화대혁명의 이슈는 중국 밖에서는 꽤 원대하게 보였다. 하지만 중국 내부를 들여다보면 근저에 있는 현실적인 문제들은 어디에서나 볼 수 있는 정치 문제와 흡사했는데, 쌓여가는 불만, 불만을 분출할 수 있는 기회, 그리고 새로운 정치적 거래와 같은 것들 등이다.

중국에 접근하기는 쉽지 않았다. 1950년대 조지프 매카시(Joseph Raymond McCarthy)의 숙청으로 인해 미국 국무부에서 가장 개방적인 중국 전문가들이 쫓겨났고, 대학 내 미국 정책에 대한 비판자들은 침묵을 지켜야 했다. 미국 정부는 '붉은' 중국으로 여행할 때 미국 여권의 사용을 금지했다. 훗날 학자가 되는 데이비드 밀턴(David Milton)과 낸시 밀턴(Nancy Milton) 부부는 캄보디아의 서커스단 여행을 경유하여 가까스로 중국에 몰래 입국하는 데 성공했다. 그러나 저널리스트 조너선 머스키(Jonathan Mirsky, 1932~2021)는 1969년 양쯔강 하구에 있는 배에서 뛰어내렸지만 결국 입국에 실패했다. 미국의 중국 연구자들은 한 세대 동안 타이완이나 홍콩 이상으로 중국에 가까이 다가갈 수 없었다. 유럽인들은 중국을 여행할 수는 있었지만 외국인에 대한 중국 당국의 의심 때문에 중국인과의 접촉이 제한되었다.

문화대혁명은 금단의 열매가 풍기는 매력으로 중국에 대

한 서구의 관심을 되살렸다. 마오쩌둥주의사상은 예기치 못한 상황에서 대두되었는데, 일례로 한 원로 미국인 교수는 어느 학내 연설자에게 육체노동을 했다는 것을 증명하기 위해 손을 보여달라고 요구하면서 "굳은살이 어디 있느냐?"고 비판적으로 물었다고 한다. 이 질문은 당시에도 말도 안 되는 소리로 들렸지만, 정치세계에서 소위 '정상적'인 기준이 우파 쪽으로 많이 이동한 오늘날 이 질문은 더욱 이상하게 여겨질 것이다. 많은 서양인들은 중국이 세계혁명의 요체가 되기를 기대했다. 또다른 사람들은 중국을 단순하게 불평등으로 갈라진 현실세계에서 일종의 도덕적 힘으로 보았다.

중국의 국제주의 레토릭은 강력했다. 대부분의 중국인은 마오쩌둥의 에세이 「노먼 베순을 기념하며(紀念白求恩)」[1]를 학습했는데, 이 글에서 마오쩌둥은 홍군 병사를 치료하다 1939년에 사망한 캐나다 외과의사 노먼 베순을 찬미하면서 당원들에게 세계혁명에 대한 해외의 공헌을 존중하도록 독려했다. 중국은 1968년 파리 봉기를 환영했지만 그 반문화적인 측면에는 당황했다. 중국에게는 보다 전통적인 노동자 봉기인 1971년 파리 코뮌 100주년을 기념하는 것이 확실히 더 마음이 편했다.

중국은 아시아, 아프리카, 라틴아메리카의 대중투쟁에 동참했다. 미국의 흑인 해방 정치는 〔중국에서〕 대단한 열정을 불러일으켰다. 마틴 루서 킹 주니어(Martin Luther King Jr., 1929~1968)가 암살당한 후 마오쩌둥은 미국의 인종차별에 반대하는 열띤 성명을 발표했다. 또한 중국은 〔남북전쟁 당시〕 옛 남부연합의 5개 주를 '신아프리카공화국'으로 만들려고 했다는 이유로 미국 정부에 의해 추방당한 흑인 분리주의 지도자 로버트 윌리엄스(Robert F. Williams, 1925~1996)[2]에게 피신처를 제공하기도 했다.

중국 언론은 전 세계의 혁명가들이 마오쩌둥 주석의 어록을 학습한다고 주장했다. 흑표당(Black Panther) 당원[3]들은 마오쩌둥의 어록 「소홍서」를 권당 20센트에 구입해 캘리포니아대학 버클리 캠퍼스에서 1달러에 재판매하고 그 수익금으로 산탄총을 구입했다. 실제로 흑표당 당원들은 불과 몇 달 뒤 마오쩌둥의 발언을 읽기 시작했다.

중국은 세계혁명의 중심지였을까? 수사학적으로는 의심의 여지가 없다. 제국주의의 완전한 붕괴와 임박한 사회주의의 세계적 승리를 열광적으로 선전하는 중국 당국의 담론은 정상적인 외교적 교류를 방해했다. 중국에 주재하고 있는 각국의 외교관들은 종종 부당한 대우를 받았는데, 가장 악명 높은 사건은 폭도들이 베이징 주재 영국 대표부 사무실에 불을 지른 사건이다. 저우언라이 총리는 시위대를 통제하지 못한 관리들에게 격노했다. 정상적인 외교관계라는 허울을 유지할 수 없었던 중국은 이집트 주재 중국 대사를 제외한 모든 나라의 대사들을 본국으로 소환했다.

마오쩌둥주의자들은 중국과 세계의 관계에 대해 진지하게 생각했다. 마오쩌둥은 레닌이 "후진국일수록 자본주의에서 사회주의로의 전환이 더 어렵다"고 말한 것은 잘못이라고 지적했다. 마오쩌둥은 서구가 매우 부유하고 자본가들이 너무 오랫동안 통치해왔기 때문에 노동자들이 자신들을 무력화시키는 압도적인 부르주아의 영향력 아래에서 노동하고 있다고 믿었다. 일종의 약한 고리 이론(weakest-link theory)[4]에 따르면 사회주의혁명은 마르크스가 예상하지 못한 곳에서 일어나게 된다. 세계혁명의 달성은 이제 거대한 인구를 가진 제3세계에 달려 있었다.

린뱌오는 널리 알려진 1965년의 연설에서 '농촌으로 도시를 포위(農村包圍城市)'하는 (국공내전 시기의) 전략으로 중국의 혁명을 전 세계에 재현하자고 언급했다. 홍군이 각지의 농촌 근거지에서 중국의 주요 도시들을 포위해나간 것처럼 (수많은) 프롤레타리아국가들의 부상은 (몇몇) 자본주의국가들의 힘을 차단해 봉쇄할 것이었다. 세계자본주의라는 (반혁명의) 글로벌리즘이 등장하기 수십 년 전에 일종의 세계혁명의 글로벌리즘이 베이징에서 나타났던 것이다.

구소련의 수정주의에 대한 중국의 비판은 지독할 정도로

격렬했다. 류사오치는 '중국의 흐루쇼프'라는 별명을 얻으며 혁명을 외면한다는 조롱을 받았다. 핵실험 금지 조약은 구소련이 제국주의와 타협한 상징이 되었고, 1964년 중국 자체 핵폭탄 보유의 혁명적·민족주의적 상징성을 강화했다.

중국은 오스트레일리아공산당(마르크스-레닌주의자)[5]의 의장 E. F. 힐(E. F. Hill)[6] 동지를 세계적인 정치가라고 홍보하면서 문화대혁명 그룹의 주요 멤버인 캉성을 베이징 공항에 파견해 영접하기도 했다. 사실 힐은 세계는커녕 오스트레일리아공산당의 지도자도 아니었고, 중국이 부추긴 일개 분파의 지도자에 불과할 뿐이었다. 전 세계적으로 각지의 공산당은 분열되었는데, 마오쩌둥주의 파벌들은 모스크바에 충성하는 '수정주의자'와 구별하기 위해 자신들을 '마르크스-레닌주의자'라고 칭했다.

냉전의 현실

마오쩌둥은 제국주의를 겉보기에만 위험한 '종이호랑이'라고 일축했다. 하지만 그는 제국주의를 주의깊게 다루었다. 급진주의자들의 레토릭에 따르면 중국의 행동은 냉전에 대한 방어적인 대응이었다. 중국은 베트남을 원조했으며, 비주류의 반란 그룹을 무장시켰고, 미국과 구소련에 반항하는 이들을 응원했다. 중국은 세계 문제에서 약자를 지원했으나 대부분은 상징적인 성과에 그쳤다. 그러나 문화대혁명 시기의 외교정책은 신중했으며 확장주의를 추구하지 않았다. 마오쩌둥주의자들의 '인민전쟁(人民戰爭)' 전략은 대단히 방어적이었으며, 〔팽창이 아니라〕 침략에 대한 대중의 저항을 강조했고, 중국 군대는 해외에서 무력을 행사하기에 턱없이 부족했다.

미국은 아마도 권력을 빼앗기고 타이완으로 도피한 국민당 정권을 지원함으로써 중국을 가장 심하게 도발했을 것이다. 장제스(蔣介石)는 타이완으로 도주한 이후에도 '몽골국(蒙古局)'과 같은 부서를 두고 중국 본토를 지배하는 가상의 정부 형태를 유지했다.[7] 미국은 외교적 압력을 가해 이 작은 잔류 국가를 중화인민공화국 대신 안전보장이사회에 추대하면서 1971년까지 유엔의 회원국 지위를 유지하게 했다.

미군의 타이완 주둔은 〔중국에게는〕 단순한 성가심이 아니라 무력적인 위협이었다. 미국은 타이완에 군대와 미사일 기지를 설치하고 타이완 군사정부에 장비와 훈련을 제공했다. 타이완 정부는 반공 성향의 미국인들에게 어필하기 위해 끊임없이 '자유 중국'이라고 소리 높여 외쳤다. 타이완의 상황은 미국과 다른 아시아의 우파 독재정권과의 관계를 그대로 모방한 것이었다. 그러나 중국 본토에 군사 공습을 감행한 것은 타이완이 유일했다. 1970년 타이완의 영화관들에서는 "본토를 수복하라(反攻大陸)"라는 문구가 적힌 봉지에 땅콩을 담아 판매하기도 했다.

냉전은 중국 경제에 큰 영향을 미쳤다. 예를 들어 장제스의 잠수부대가 해안도시를 공격하는 한 대외교역의 경험과 역사가 깊은 해안지역인 푸젠성은 베이징이 투자하기에는 좋지 않은 곳이었다. 한때 주요 항구도시였던 샤먼(厦門, 아모이)은 인근의 진먼(金門, 취모이)섬에 있는 국민당 군사기지 때문에 개발이 가로막혔다. 1950년대에 여러 번 군사적 위기가 있었지만 진먼의 상황을 바꾸지는 못했다.[8] 문화대혁명 기간 내내 공산당과 국민당 군대는 격일로 1시간씩이라는 기이한 일정에 맞춰 포격을 주고받았는데, 옛날 일이 되어가고 있는 내전이 국민들에게 잊히지 않게 현상태를 유지하기에 딱 좋은 정도였다. 냉전의 압력은 비효율적인 삼선건설 계획을 적어도 전략적인 관점에서는 실용적으로 보이게 만들었다. 폭격이 가해질지도 모르는 도시에 투자하는 것을 꺼린 중국은 시선을 영토 안쪽으로 돌렸다.

미국은 중국산 수입품에 대해 금수 조치를 취했다. 심지어 중국 서적과 잡지조차 구하기 어려웠다. 많은 연구기관의 도서관에는 공산주의의 프로파간다가 실려 있다는 미국 정부의 경고 스탬프가 찍힌 그 시기의 중국 출판물이 아직 소장되어 있다. 또한 문화대혁명은 전통적으로 많은 이점을 제공한 화교공동체와의 연결고리를 단절시켰다. 중국에 있는 친척들이 종종 자본주의자와 간첩이라는 혐의로 고발되었기 때문이다. 해외 기술에 접근할 수 없게 되면서 중국 산업의 고도화가 어려워졌고, 따라서 중국 토착의 방식을 새롭게 응용하는 방법을 찾아내야 한다는 마오쩌둥주의자들의 주장이 강화되었다. 무역이 제한되면서 중국의 기술자들은 수입품을 분해해 기밀을 찾아내는 리버스 엔지니어링의 어려운 프로젝트를 시도했다. 한 극단적인 사례는 1971년 중국 서부에서 추락한 파키스탄의 여객기 보잉 707 제트기 1대를 분해한 것이다. 그러나 중국은 여전히 미국 제품을 따라잡을 만한 기술력이 부족했다.

중국의 자존심과 고집은 차질을 초래했고, 중국은 더 강력한 미국의 단순한 희생자 이상이 되었다. 중국은 구소련과 불화를 빚으면서 두 초강대국의 분노를 동시에 불러일으키는 전혀 달갑지 않은 입장에 놓이게 되었다. 이는 외교에서 이상적인 결과가 결코 아니었다.

중국은 자국의 국경과 인접한 베트남과 한국에서 미국과 전쟁을 치른 경험이 있었다. 미국은 타이완, 일본, 태국, 필리핀에 미군을 주둔시키고 우파 의존 정권을 지원했다. 하지만 중국은 캐나다, 멕시코, 쿠바에는 군사기지나 의존 정권을 두지 않았다. 중국의 호전적이지만 비팽창주의적인 정책은 혹독한 반공주의에 직면했다.

혁명적 수사와 신중한 실천 사이에 불가피한 마찰이 드러난 곳은 광둥성 주강(珠江) 하구의 쌍둥이 식민지였던 포르투갈령 마카오와 영국령 홍콩이었다. 일부의 예상과는 달리 중국은 1949년에 이 제국주의의 잔재를 2곳 모두 장악하지 못했다. 1961년 중국은 인도군이 포르투갈이 지배하던 자국 내의 섬과 같았던 고아(Goa)지역으로 진격하자 당황했으나 결국 실용주의 외교의 일환으로 〔마카오와 홍콩〕 식민지를 용인했다. 기껏해야 카지노가 있을 뿐인 조용한 마카오는 더 크고 번화한 홍콩에 비해서는 고려 대상이 아니었다. 홍콩은 영국식 법률, 상하이에서 홍콩으로 도피한 난민들의 사업적 재능, 광둥성에서 홍콩으로의 꾸준한 노동력 유입이 결합해 매우 수출지향적인 번성하는 경제를 탄생시켰다. 홍콩은 서구와 접촉할 수 있는 지점, 동남아시아 화교공동체와의 연계지, 대외무역의 통로로서 중국에게는 중요했다. 두 식민지 모두 국민당 지지자들을 비롯해 공산주의 혁명을 피해 대륙을 떠난 수많은 난민들의 터전이 되었다. 하지만 이들 지역에는 학교, 노조, 백화점을 중심으로 제도화된 좌파공동체 역시 존재했다.

중국 국내의 긴장은 이들 식민지로 파급되어 외국인 통치자들은 대중 폭동, 파업, 폭탄 테러로 어려움을 겪었다. 본토에서와 마찬가지로 문화대혁명의 시작과 함께 터져나온 급진주의가 진압되면서 질서가 회복되었다. 포르투갈은 1974년 〔자국의〕 파시스트 독재를 타도한 후 아프리카와 티모르의 식민지 지배권을 빠르게 포기했다. 그러나 중국은 공산당 정권이 대규모 자본주의경제를 흡수할 준비가 갖추어지기 전에 베이징이 홍콩을 갑자기 접수해야만 하는 사태를 두려워한 나머지 이때 마카오의 반환을 받아들이지 않기로 한 것으로 보인다. 결국 마카오는 홍콩이 중국에 반환된 지 2년 후인 1999년까지 포르투갈의 통치 아래에 있었다.

중국은 고립에서 벗어나기 위해 전략적 선택지를 모색했다. 하나는 미국의 동맹국을 분열시키는 것이었다. 프랑스의 드골 정권은 미국에 맞서 북대서양조약기구에서 탈퇴하고 독자적인 핵정책을 추진하여 중국을 기쁘게 했다. 중국은 동맹에 구멍이 생겨 일본이 프랑스와 비슷한 독자 노선을 취할 수 있기를 꿈꾸었지만 중국의 희망은 1960년 미일상호안보조약으로 좌절되었다.

중국의 두번째 선택지는 제3세계 국가들의 지지를 모으는 것이었다. 가장 오래 지속된 유대관계는 파키스탄과의 관계였는데, 중국을 인도에 대항하는 균형추로 기대했기 때문이다. 그러나 1962년 국경분쟁 이래 중국과 인도의 관계 악화는 제3세계의 단결이 어렵다는 것을 보여주었다. 중국은 아프리카에서 우방을 확보하기 위해 힘썼다. 인종차별적인 남아프리카공화국에 의존하지 않도록 잠비아와 탄자니아를 잇는 탄잠(Tanzam)철도 건설에 원조를 제공하기도 했다. 알제리는 북아프리카에서 변함없는 중국의 외교적 우방이었다.

중국은 인도네시아에 큰 기대를 걸고 있었다. 좌파 성향의 수카르노 정부하에서 중국과 인도네시아는 가네포〔Ganefo, '신흥 세력 게임(Games of the New Emerging Forces)'〕라고 불리는 올림픽에 대항하는 국제 체전을 조직하는 등 제3세계의 국제적 입지를 구축하기 위해 협력했다. 그러나 문화대혁명 직전 자카르타에서 쿠데타가 발생해 수많은 화교를 포함한 인도네시아 좌파들이 학살당하는 사태가 벌어졌다. 아마도 100만 명의 사람들이 미국의 암묵적 지원 아래 목숨을 잃었을 것이고, 이로써 중국-인도네시아 동맹의 가능성은 종식되었다.

중국의 핵무기 프로그램은 외교적 노력으로 미소 초강대국의 압력을 완화하는 데 실패했을 때를 대비해 보호장치로 고안되었다. 당시 중국은 세계의 눈에 오늘날의 평양이나 테헤란처럼 비춰졌다. 중국은 고립되고 포위된 채 기존의 핵을 보유한 강대국들의 비판을 상대하면서 핵폭탄을 개발했던 것이다. 서구의 언론은 중국을 예측 불가능한 미친 존재로 묘사했지만, 중국의 핵무기는 현실 정치의 외교정책과 잘 맞아떨어졌다. 중국의 핵시설에 대한 미국과 구소련의 합동 선제 폭격 제안은 불안감을 가중시켰다. 중국의 지도자들은 히로

시마와 한국전쟁 이후 반복된 미국의 핵 위협을 기억하고 있었다.

포위망에서 벗어나려던 중국의 노력은 1969년 문화대혁명의 급진적인 국면이 끝날 무렵 결정적으로 실패했다. 중국이 여러 대의 정찰기를 격추했음에도 불구하고 미군 전투기는 어떤 제재도 받지 않고 베트남을 폭격하기 위해 중국 영공(특히 하이난섬)을 가로질러 날아갔다. 미국 중앙정보국(CIA)은 티베트 망명자들이 중국에 지속적으로 확실히 압력을 가하게 하기 위해 달라이 라마에게 매년 사례비를 지급했다. 티베트 반군에 대한 미국의 무기 공수는 1965년에 끝난 것으로 보인다. 구소련의 체코슬로바키아 침공의 기억이 생생할 무렵 1969년 3월 우수리강 국경에서 중국군과 구소련군이 교전을 벌였다. 이 전투는 린뱌오와 군대의 위신을 더욱 높여주었지만 마오쩌둥에게는 중국이 반항의 아이콘이어도 사실은 고립되어 있다는 자국의 국제적 지위를 다시 생각하게 했다. 1970년까지 베트남, 북한, 파키스탄, 알제리, 알바니아를 제외한 중국에 우호적인 정부는 소수에 불과했다. 중국은 각국의 정부보다는 세계 '인민'들의 사랑에 의존했지만 인민은 군대나 무역을 통제하지는 않는다.

마오쩌둥, 미국으로 기울다

마오쩌둥은 미국과의 친선을 통해 미소 두 초강대국을 더욱 분열시킬 수 있다는 보다 과감한 수를 상상했다. 미국은 베트남에서 패배에 직면해 있었고, 중국은 구소련에 더 잘 맞서기 위해 화해를 제안했다. 중국이 보낸 신호는 미국인 저널리스트 에드거 스노(Edgar Snow, 1905~1972)를 초청해 1970년 10월 1일 국경절 퍼레이드에서 마오쩌둥 옆자리에 서게 한 것이었다. 1937년 스노는 베스트셀러 『중국의 붉은 별(Red Star over China)』을 집필해 중국의 공산주의운동을 전 세계에 소개한 바 있다. 1950년대에 공산주의자로 몰려 스위스로 망명한 스노는 명예회복의 기회로 베이징 방문을 기쁘게 받아들였다. 하지만 그는 마오쩌둥이 자신을 미국 중앙정보국 요원으로 생각하고 있는 줄은 미처 깨닫지 못했다. 또다른 '민간(民間)'외교로는 미국 탁구선수단의 방문이나 그 후속으로 1971년 7월 파키스탄에서 아픈 척하던 헨리 키신저(Henry Kissinger, 1923~2023)가 국가안보보좌관으로 비밀리에 방중한 사실이 있다. 키신저는 방중 기간에 1972년 2월 리처드 닉슨의 베이징 방문을 사전 협상했다.

베이징은 〔타이베이를 대신하여〕 유엔에서 중국을 대표할 의석을 차지했고, 이에 따라 마오쩌둥의 전략적 재편이 강화되었다. 제3세계 국가들은 매년 유엔총회에서 장제스가 파견한 대표들을 추방하기 위한 캠페인을 주도했다. 이러한 행동은 미국을 당혹스럽게 만들었지만 표결에 충분한 표를 얻게 된 것은 1971년 10월이 되어서였다.

새로운 미중관계는 험난한 과정을 거치지 않고는 달성할 수 없었다. 평생 반제국주의자였던 사람들과 평생 반공주의자였던 사람들을 전략적 이득을 위해 이념적 신념을 내려놓자고 설득해야 했다. 닉슨과 같은 열렬한 반공주의자만이 정치적으로 안전하게 〔미중〕 친선을 이끌어낼 수 있었으며, 이 점은 세계에서 가장 유명한 반제국주의자였던 마오쩌둥에게도 비슷하게 적용할 수 있다.

린뱌오는 마오쩌둥의 생각을 지지하지 않았다. 그러나 군부의 어떤 저항도 린뱌오의 충격적인 죽음과 함께 끝이 났다. 미국측의 반대는 냉전의 현장 유지 쪽에 집착하는 세력들에게서 나왔다. 미국 중앙정보국의 오랜 방첩 책임자였던 제임스 지저스 앵글턴(James Jesus Angleton, 1917~1987)은 지난 10년 동안 지속된 중소 분열은 가짜이며, 이는 모스크바가 서방세계의 경계를 늦추기 위해 고안한 속임수라고 주장했다.

중국과 미국의 협상은 세부사항에서는 모호했지만 양측 모두에게 도움이 되었다. 미국과 중국은 베트남전쟁에서 각자의 동맹자들과 멀어지는 대신 손을 잡고 구소련에 대항했다. 미국은 타이완에서 미군을 철수하고 〔중국을 대표하는 유일한 합법 정부로) 타이완 승인을 철회하는 데 동의했다. 중국은 아마도 타이완과 정치적으로 통일이 곧 이루어질 것이라고 믿었지만 실망스럽게도 상황은 그대로 유지되었다. 그러나 타이완에서 미군기지를 철수함으로써 중국은 많은 비용이 드는 삼선건설 계획을 점차 축소하고 연안지역으로 투자를 전환할 수 있었다. 예상치 못한 결과 중 하나는 계엄령하의 국민당 정부에 대한 미국의 군사적 지원이 종료되면서 타이완 민주화의 길이 열리게 되었고, 타이완섬은 통일에서 더욱 멀어졌다는 점이다.

중국은 계속해서 제국주의를 공격했지만 이를 구소련을 겨냥해 사용하는 부호인 '패권'에 대한 비판과 연계시켰다. 마오쩌둥은 '3개의 세계론'을 급조하여 세계 정치를 어설프게 재정의했다. 미국과 구소련이 제1세계를 구성했다. 제2세계는 '일본, 유럽, 오스트레일리아, 캐나다와 같은 중간 요소들'로 구성되었으며, 이들 나라는 '원자폭탄을 많이 보유하지도 않고 제1세계만큼 부유하지는 않지만 제3세계보다는 부유하다.' 제3세계는 아프리카, 아시아(일본 제외), 라틴아메리카, 즉 민중이었다. 마오쩌둥은 경제학에서는 형편없었으나 세계 전략에 대한 감각은 뛰어났다. 중국은 미국과 구소련으로부터 동맹국들이 이탈하게 만들어야 했다.

어색한 조정

미중 외교의 대전환은 민주적이지도 참여적이지도 않았다. 이 엘리트급의 결정은 다른 나라는 물론 중국과 미국의 정책 입안자들조차도 모르게 비밀리에 이루어졌다. 많은 중국인과 미국인들은 이러한 변화를 환영했지만 우려를 표한 사람들도 있었다. 어제의 적이 오늘의 반소(反蘇)동맹이 되는 이처럼 중대한 이데올로기적 조정을 하기 위해서는 각 분야에서 확장된 논의가 필요했다.

일찍이 동아시아에서 미국의 강경 노선을 충실하게 지지해온 일본의 지도자들은 자신들과 상의 없이 정책이 뒤집힌 것에 충격을 받았다. 미국의 괴뢰정권인 남베트남 정부는 자신들의 종말이 가까워졌음을 깨달았다. 타이완은 이 소식을 접하고 믿을 수 없다며 망연자실했다.

미국의 국내 정치에서는 닉슨이 대부분의 공화당원들을 끌어들이기는 했지만 분노한 보수주의자들은 언제나처럼 타이완 국민당을 지지했다. 미국의 지식인들은 중국 혁명을 설명하기 위해 노력했는데, 그중에는 문화대혁명에 대한 다소 순진한 분석도 포함되어 있었다.

중국에서는 문화대혁명의 시작 단계에서 오래된 외국인 혐오증이 다시 살아났다. 때로는 의도적이었고, 때로는 단순히 그 나라의 가장 세계주의적인 목소리들이 침묵을 강요당한 결과였다. 그러나 좌파인 장칭은 "외국의 것을 중국을 위해 쓰이게 하라[洋爲中用]"라고 촉구한 마오쩌둥 정신에 따라 서양의 기법을 채택해 중국 문화를 현대화시키기 위해 노력했다. 모범극 〈해항(海港)〉은 반제국주의의 세계적인 물결 속에서 아프리카로 볍씨를 수출하기 위해 고군분투하는 상하이 부두 노동자들의 모습을 보여주었다. 이러한 국제주의는 서구의 문화상품을 수입하는 것과는 달랐지만 반외세적인 것은 아니었다.

비록 그렇다고 해도 외국 문화는 필연적으로 격렬한 파벌정치에 휘말릴 수밖에 없었다. 해외에서 유입된 오염에 대한 불안감은 좌파 사이에 광범위하게 퍼져 있었고, 중국이 외국에 의존하게 되면 혁명이 약화될 것이라고 우려했다. 지도자들은 좀더 유화적으로 서방에 대한 새로운 개방을 어떻게 규제할 것인지에 대해 논의했다.

저우언라이가 밀려들어오는 새로운 외빈들을 위해 호텔을 장식할 예술가 그룹을 조직하자 급진주의자들은 이 그림들을 '검은 예술(黑畵)'이라고 비난했다. 서양의 클래식 음악이 다시 공연되었을 때 '제목 없는 음악[無標題音樂]'을 비판하는 캠페인이 일어났는데, 추상적인 교향곡과 소나타(예를 들어 모차르트의 〈교향곡 제40번 G단조〉)가 제목이 있는 표제음악(標題音樂, 예를 들어 슈트라우스의 〈돈키호테〉 또는 베토벤의 〈전원

10. 장칭이 중국 국경절에 외빈을 접대하고 있다.

교향곡〉〉보다 더 부르주아적이라고 여겼기 때문이다. 제목이 있는 메시지는 보기에 더 명료했고, 제목이 있는 것이 중국의 음악과 서사의 전통에 더 잘 맞았다. 중국 산업 대표단이 뉴욕 방문을 마치고 코닝 유리공장에서 선물한 유리 달팽이 컬렉션을 가지고 돌아오자 장칭은 그들이 외국 문물을 숭배한다고 비난하며 이를 모두 돌려줄 것을 요구했다. 이탈리아의 영화감독 미켈란젤로 안토니오니(Michelangelo Antonioni, 1912~2007)가 중국을 서방에 다시 소개하는 다큐멘터리를 제작했을 때 중국은 그가 중국의 자랑스러운 새로운 공업 성과 대신 오래된 물건, 기이한 광경, 인력으로 돌아가는 기구들에 너무 자주 초점을 맞추었다고 비난했다.

서구와의 교류가 재개되었다고 해서 중국이 참호전처럼 막아내는 방어만 한 것은 아니었다. 중국은 상당한 양의 물자를 수입했는데, 가장 유명한 것은 농업생산량을 늘리기 위한 비료공장들이다. 중국은 미국 중앙정보국이 이제는 공통의 적인 구소련을 상대로 감청 초소를 설치하는 것을 환영했다. 그러나 문화 전선은 여전히 더 대중적이고 또 더 민감했다.

대부분의 논란은 중국이 외국 문화를 받아들이는 것과 관련이 있었다. 중국의 새로운 문화외교는 더 체계적이고 더 집중적이었기 때문에 혼란이 덜했다. 중국은 오랜 우방들과의 관계를 유지하면서 알제리와 알바니아에 혁명가극을 수출했으며, 문화부가 조직한 고도로 숙련된 '동방가무단(東方歌舞團)'은 제3세계의 관객들을 대상으로 공연을 펼쳤다. 한편 중국은 〔적이었던〕 서양인들에게 접근방식을 완전히 달리 했는데, 문화대혁명의 혼란에는 관심을 갖지 않도록 서양인들의 시선을 정치와 관련이 적은 옛 중국의 영광으로 돌리게 했다. 1974년 중국 최초의 황제 무덤을 지키는 수천 개의 병사 조각상인 '병마용'이 발견되면서 전 세계의 이목이 집중되었고, 문화대혁명 기간 동안 발굴된 고고학적 유물의 순회 전시가 이루어졌다. 아이러니하게도 이 유물 중 상당수는 '굴을 깊게 파고 곡물을 곳곳에 저장하라〔深挖洞, 廣積粮〕'는 민방위 캠페인을 펼치던 중에 발견되었다.

중국은 서양인을 끌어들여 세계에 자신들을 알렸다. 중국과 벨기에의 혼혈인 인기 작가 한수인(Han Suyin)[9]은 중화인민공화국을 새로운 청중에게 소개했다. 또한 뉴질랜드의 선전선동가 르위 앨리(Rewi Alley, 1897~1987)는 열정적이지만 분별없는 책과 시를 발표했다. 장칭도 자신의 전기를 써줄 미국인 작가를 찾아냈는데, 젊은 학자 록산 위트케(Roxane Witke, 1938~)가 1972년에 장칭을 심층 인터뷰했다.[10] 나중에 장칭과 위트케는 그들의 협력사업 때문에 비난을 받았는데 조국을 배신했다고 고발된 것은 장칭뿐이었다.

일본은 특별한 경우였는데, 중국이 근래 그 어느 때보다 열렬하게 이 옛 적국에 러브콜을 보냈기 때문이다. 중국의 관객들은 〈백모녀〉를 공연한 일본 무용단에 열광했다. 하지만 뇌리에서 떠나지 않는 과거의 기억은 남아 있었다. 1945년 당시 일본의 혼란스러운 항복으로 소속부대에서 이탈한 한 일본 병사는 북중국의 한 마을에 정착했다. 그는 중국 농민들이 자신에게 복수할지도 모른다는 두려움에 귀가 들리지 않는 척, 말을 하지 못하는 척하며 그 마을에 섞여 살았다. 일본과 중국의 관계가 회복되면서 그는 말과 청력을 되찾았고, 30년 만에 고향으로 돌아갔다.

신자유주의로 가는 준비 작업

문화대혁명과 우리의 오늘날 글로벌 경제 안에서 부활하는 중국 사이에는 어떤 관계가 있을까? 기존의 서사는 문화대혁명이 글로벌화의 정반대편에 있었으며, 이 10년 동안의 외국인 혐오의 혼란과 경제적 파탄은 덩샤오핑이 현명하게 현실을 인식하고 중국을 세계경제에 재통합한 뒤에야 비로소 바로잡혔다고 주장한다.

문화대혁명과 개혁개방의 관계는 좀더 복잡하다. 문화대혁명은 특히 초기의 급진적인 단계에서 세계자본주의에 대한 저항의 열정이 최고조에 달했다. 서구가 승리했다는 논자들은 당연히 문화대혁명의 패배를 축하할 것이다. 그러나 중국의 변화를 단순히 서구에 대한 대응으로만 설명하는 것은 부정확하고 자아도취적이다.

그 모든 실책에도 불구하고 마오쩌둥주의자들은 이후 이어진 급속한 성장에 없어서는 안 될 물리적인 공장시설과 인적자원을 구축했다. 자국을 현대 세계로 이끌고, 문맹을 근절하고, 만성질환을 퇴치하고, 산업화에 필요한 인프라를 구축한 혁명가들의 공헌을 깎아내리는 것은 비뚤어진 심보이다. 마오쩌둥주의 중국의 차고 넘치는 단점에도 불구하고 이후의 경제 호황은 국가적·사회적 해방[11]을 포함한 중국의 성과 위에 이루어진 것이었다.

물론 문화대혁명이 경제 분야에서 좀더 좋은 성과를 낼 수도 있었겠지만 그렇다고 문화대혁명을 중국의 발전에서 잃어버린 10년으로만 보는 것은 잘못된 생각이다. 중국은 문화대혁명 이후에야 이전에는 없었던 더 큰 국제적인 기회를 발견했다. 중국과 세계자본주의의 경제적 재통합은 세계자본주의가 중국의 방대한 노동력을 필요로 할 때 이루어졌는데, 이러한 조건은 1960년대 중반의 소규모 세계경제에서는 찾아볼 수 없었던 것이다.

1960년대와 1970년대에 세계자본주의를 겨냥한 저항이 일어났다면 〔1980년대의〕 신자유주의는 부분적으로는 그에 대한 반작용으로 형성된 것이다. 세계가 질서정연하고 교육 수준이 높으며 값싼 노동력을 가진 중국으로 눈을 돌린 것은 아이러니한 일이다. 미국, 유럽, 일본의 기업들이 중국에서의 역외생산을 이용해 본국의 노동자들에게 실직의 위협을 가하며 길들인 결과 임금은 정체되고 노동조합은 약화되었다.

개혁 프로그램이 경제를 아무리 자유화했다고 하더라도 중국의 개혁개방은 자본주의에게 나라의 문을 활짝 연 순진한 개방이라기보다는 여전히 국가가 주도한 모험이었다. 문화대혁명을 포함한 중국의 혁명은 중국이 더 넓은 세계에서 경쟁할 수 있도록 장기적으로 중국을 강화하려는 움직임이었다. 중국이 돈을 받고 세계자본주의에 값싼 노동력을 제공하는 것은 고도로 계산된 전략이었으며, 초기 마오쩌둥주의자들이 정치 캠페인을 동원해가며 이러한 노동자들에게 더 많은 일을 시키려고 했던 노력과 매우 비슷하다.

중국은 베트남에서 미국의 패배로 엄청난 이득을 얻었다. 미국은 아시아 전략을 다시 짜야 했고, 마오쩌둥에게 중국의 고립을 완화시킬 수 있는 숨구멍을 틔워주었다. 마오쩌둥이 사망한 뒤 덩샤오핑의 개혁은 새로운 전기를 마련했지만 이는 마오쩌둥, 저우언라이 그리고 덩샤오핑 자신이 지휘했던 문화대혁명의 정책 속에서 자라난 것이었다. 문화대혁명이 끝나는 과정에서 미국과의 데탕트가 실현되었고, 그로 인해 더 많은 경제적 실험과 대외교역의 꾸준한 증가가 가능해졌다.

그렇다고 해서 마오쩌둥이 이 모든 것을 미리 다 알고서 자신이 사망한 이후에 나아간 길로 중국을 이끌었다는 말은 아니다. 마오쩌둥이 문화대혁명을 촉발한 「5·16 통지」에서 다음과 같이 설명하고 있듯이 그는 권력 있는 자리에 '몰래 침투한' 주자파의 대표들을 극도로 우려했다. "상황이 무르익으면 그들은 정치권력을 장악하고 프롤레타리아트 독재를 부르주아지 독재로 바꿀 것입니다. 그들 중 일부는 우리가 이미 꿰뚫어보았지만 일부는 그러지 못했습니다. 어떤 사람들은 여전히 우리의 신뢰를 받으며 후계자로 훈련받고 있으니, 예를 들어 흐루쇼프와 같은 인물들이 여전히 우리 곁에 자리를 잡고 있는 것입니다."[12]

문화대혁명 당시 중국을 방문한 미국인 학자이자 비즈니스 컨설턴트는 급진적인 미국의 잡지사 기자들과 함께 홍콩에서 기차를 탔다. 그는 중국에 도착하자마자 자신은 리무진을 타고 떠나는 동안 좌파 언론인들은 미니버스 1대에 우르르 올라타는 것을 보고 기뻐했는데, 이는 앞으로 일어날 변화의 전조였다.

중국의 경우 외국인 투자는 사회주의제도에 대한 억제를 요구했다. '자력갱생'은 마오쩌둥보다는 로널드 레이건(Ronald Reagan)이나 마거릿 대처(Margaret Thatcher)와 더 친숙하게 들린다. '자력갱생'이라는 슬로건은 사라졌지만 그 개념은 중국 노동자 개개인에게 적용되었다. 농업은 1983년까지 집단화가 해체되었다. 얼마 지나지 않아 일부 공장에서는 국가가 요구한 '자발적' 노동(自發勞動)을 수행하기 위해 외부인을 고용했고, 사회주의는 더욱 허울만 남게 되었다. 한때 노동자 국가의 성과로 여겨졌던 종신 고용이라는 '철밥통(鐵飯碗)'은 세계경제에서 경쟁의 걸림돌이 되었다. 대외무역 개방, 민영화, 외국인 투자로 소득이 급격히 증가했다. 중국은 훨씬 덜 가난해졌지만 덜 평등해지고 정치적으로도 소극적이 되었다.

2008년 세계 금융위기 당시 중국이 파산한 미국의 리먼 브라더스(Lehman Brothers)를 구제할 것이라는 소문이 돌았다. 한때 혁명의 배후 지원자로 두려움의 대상이 되었던 중국이 세계자본주의가 세계에서 안심하고 번성할 수 있게 만드는 중국이 된 것이다.

문화대혁명에 대한 생각은 기후변화를 둘러싼 논쟁과 비슷하다. 간단한 질문들이 곧바로 크고 복잡한 이슈로 이어진다. 중국은 탄소 배출을 어떻게 줄여야 할까? 그 해답은 복잡한 역사적 이슈와 결부되어 있음이 밝혀졌다. 즉 초기 산업화 국가들의 적정 탄소 부하(carbon load), 가난한 국가들의 현실적인 야망, 중국의 산업화와 아프리카 같은 지역과의 관계 등이다. 마찬가지로 문화대혁명도 중국 정치라는 지역적 이슈로 논의될 수 있다. 하지만 문화대혁명이 중국 밖의 세계 다른 나라들과 어떻게 조응해나갔는지를 이해하는 것 역시 필요하다. 중국의 글로벌 맥락을 고려하지 않고는 중국을 이해할 수 없으며, 또한 중국을 빼놓고는 세계를 거의 설명할 수 없다.

제 6 장

문화대혁명 이해하기

문화대혁명은 1976년 마오쩌둥의 사망과 함께 서서히 막을 내렸다. 마오쩌둥의 미망인과 다른 급진적 지도자 3명은 혼란의 책임을 추궁받아 '4인방'으로 체포되어 1981년 린뱌오의 수하였던 최고위 장군들과 함께 공개재판에 서게 되었다. 이들의 체포는 덩샤오핑 권력의 대두와 함께 마오쩌둥주의 사회 및 경제 정책과의 점진적이지만 체계적인 절연을 강조했다. 중국이 이처럼 트라우마가 된 시절의 기억을 극복하는 데 어려움을 겪어온 것은 그리 놀랍지 않다. 하지만 중국은 서구의 많은 이들이 인정하는 것보다 훨씬 더 진지한 노력을 기울이고 있다.

문화대혁명의 종식

1976년 병석에 누워 있던 마오쩌둥은 일본을 물리치고 내전에서 승리한 것을 비롯해 자신의 지난 업적을 회상했다.

다른 하나는 당신도 알다시피 문화대혁명을 시작하는 것이었다. 이 문제에서 나를 지지하는 사람은 많지 않고 반대하는 사람은 꽤 많다. 문화대혁명은 아직 결론이 나지 않았다. 따라서 나는 이 과제를 다음 세대에 넘기고 있다. 평화롭게 물려주지 못할 수도 있고, 그럴 경우에는 혼란 속에서 물려주어야 할 수도 있다. 이것이 모두 실패하면 다음 세대에는 무슨 일이 생길까? 피바람이 불고 피비린내가 날 수도 있다. 당신은 어떻게 대처하겠는가? 오로지 하늘만 알 것이다![1]

피비린내가 날 것이라는 마오쩌둥의 걱정은 과장된 것이었다. 문화대혁명의 지속에 가장 많이 집착한 파벌을 축출한 한차례의 쿠데타만으로 문화대혁명은 손쉽게 끝이 났다. 대부분의 당 지도자들은 문화대혁명이 정치적으로 파괴적이고, 경제정책은 갈 데까지 갔으며, 문화적 비전은 숨이 막힌다는 데 의견이 일치했다.

마오쩌둥이 사망한 지 1년 만에 후계자인 화궈펑은 문화대혁명이 끝났다고 선언했다. 그러나 한때 후난성 중국공산당

서기이자 공안부장이었던 화궈펑은 자신의 취약한 정치적 기반을 강화하기 위해 마오쩌둥의 유산을 소환할 필요가 있었다. 하지만 마오쩌둥을 소환하면서 동시에 그의 마지막 유산과 거리를 두는 것은 매우 힘들다는 것이 드러났다. 문화대혁명 후 복권된 관료들은 덩샤오핑이 약속한 더 빠른 변화 속도를 선호했고, 이들의 힘이 커지면서 화궈펑은 패배하고 말았다.

1978년 12월에 이르러 덩샤오핑은 화궈펑의 실질적인 권위를 사실상 박탈했다. 당은 개혁을 수용하고 문화대혁명을 보다 진지하게 재평가하기 시작했다. 예술계에서는 새로운 '상흔'문학(傷痕文學)이 문화대혁명의 부당함과 부패를 폭로했다. 한때 신성시되던 마오쩌둥주의의 모범 사례들이 몰락했다. 비평가들은 집단농장이 해체되었을 때 '자력갱생'의 다자이 생산대대에 지원했던 국가 보조금의 존재를 폭로했다. 다칭 유전에서는 석유가 고갈되었고, 1979년 해상 석유 시추선이 가라앉아 노동자 72명이 사망하면서 베이징의 '석유 파벌'이 무너졌다.

사회 및 문화 정책의 전환은 문화대혁명과의 절연을 보여주었다. 마오쩌둥주의의 압력이 부재하자 아무도 도시 청년들을 마을에 머물게 하려고 하지 않았다. 1980년까지 도시 청년 대부분이 연고지인 도시로 돌아갔다. 전국적으로 대학 입학시험이 재개되었는데, 10년 동안 놓친 기회를 보상해주기 위해 응시 연령 제한을 37세로 상향했다. 역사상 경쟁이 가장 치열했던 이 시험에 약 600만 명이 응시해 5퍼센트만이 대학에 합격했다. 이 '77학번'은 여전히 주목할 만한 인구 집단으로 여겨진다.

교육 및 예술 정책은 옛 제도의 복원과 숙청된 관리들의 복권을 강조했는데, 이 모든 것은 일찍이 상상했던 중국 공산주의의 초기 황금기를 마오쩌둥이나 린뱌오를 제외한 채 이 시절을 되찾겠다는 정신 아래 추진되었다. 1980년 류사오치의 추도식과 맞물려 문화대혁명중 사망한 사람들에 대한 예우와 정치적 황무지에서 수년을 보낸 사람들에 대한 보상과 함께 정치적 복권의 물결이 일어났다.

장기적으로 볼 때 마오쩌둥주의에 더 파괴적이었던 것은 시장과 수출을 장려하는 새로운 경제 전략이었다. 중국은 마케팅의 오랜 전통을 가지고 있지만 혁명은 자본가계급을 파괴했다. 많은 아이러니 중 하나는 예전 홍위병들이 문화대혁명 정치에서 맺었던 인간관계를 이용해 새로운 비즈니스 네트워크를 구축했다는 점이다.

〔문화대혁명 시기 터부시되던〕 중국의 과거로부터 또 중국 밖의 세계로부터 여러 스타일과 작품을 재발견하게 되자 문화적 흥분이 고조되었다. 예술가들과 관객들은 갑자기 쏟아진

폭넓은 미학적 선택을 이해하기에 바빴다. (반드시 마오쩌둥주의자는 아니어도) 보수적인 관료들에게서 반감이 불거졌는데, 감각적인 타이완 가수 덩리쥔(鄧麗君, Theresa Teng, 1953~1995)을 비롯한 수입 대중음악에 빈번하게 저항이 집중되었다. 덩샤오핑은 불안해하는 일부 하급 관리들보다 더 차분하게 "창문을 열면 파리가 들어오는 법이다"라고 말했다.[2]

대부분의 검열은 열성적이거나 두려워하던 사람들에 의해 시행되었으나 곧 완화되기 시작했다. 새로운 역사적 관점으로 중국의 과거에 대해 보다 미묘한 토론을 할 수 있게 되었으며, 1949년은 더이상 선과 악을 나누는 구획선이 아니게 되었다. 중화민국(1912~1949)의 재발견은 마침내 장제스의 군사적 위협으로부터 벗어났다.

책임 지우기

중국 당국이 문화대혁명이라는 문제를 정면으로 마주한 적이 없다는 지적은 사실이 아니다. 서양인들은 공산당이 공개재판, 희생자의 명예 회복, 일자리, 손실된 재산 및 소득 회복 등 이 마오쩌둥주의운동과 관련하여 사과, 포기, 보상을 어느 정도 했는지 일반적으로 잘 알지 못한다.

1981년 중국공산당 중앙위원회는 문화대혁명과 명백히

절연하는 내용이 포함된 당 역사에 관한 결의안을 통과시켰다.[3] "1966년 5월부터 1976년 10월까지 지속된 '문화대혁명'은 중화인민공화국 건국 이래 중국공산당과 국가, 인민에게 가장 심각한 좌절과 막대한 손실을 안겨준 사건이다. 문화대혁명은 마오쩌둥 동지가 시작하고 주도했다."[4]

결의문은 다음과 같이 계속되었다. "'문화대혁명'은 실제로 어떤 의미에서도 혁명이나 사회적 진보를 이루지 못했으며, 그렇게 될 수도 없었다는 것이 실천을 통해 밝혀졌다. '문화대혁명'으로 인해 무질서에 빠진 것은 적이 아니라 바로 우리였다."[5]

1980년에 텔레비전으로 방영된 4인방과 린뱌오 파벌의 공개재판은 수백만 명의 시청자들에게 상징적인 결말을 선사했다. 10명의 피고들은 72만 7,420명을 박해하고 3만 4,274명을 살해한 혐의로 기소되어 법정에 섰다. 장칭은 승복하지 않고 발언했으나 상하이의 장춘차오(피고 중 가장 비중 있었던 원로급 정치 지도자)는 일체의 발언을 거부했다. 두 사람 모두 사형 및 집행유예 2년을 선고받았으나 나중에 무기징역으로 감형되었다. 당 부주석이었던 왕훙원은 무기징역을, 실각한 선전가 야오원위안은 20년형을 선고받았다. 마오쩌둥의 비서이자 문화대혁명 그룹의 지도자였던 천보다와 '린뱌오 파벌의 일원'으로 지목된 군 최고 지도자들은 16년에서 18년형을 선고받았다.

장칭은 1991년 자살할 때까지 정치범으로 남아 있었다. 그녀는 새로운 수출지향적 경제 정신에 따라 해외에서 판매할 인형을 만들었다. 그러나 이 임무는 교도관들이 그녀가 인형마다 자신의 이름을 수놓은 것을 발견하면서 취소되었다.

당은 이미 사망한 보안 책임자였던 캉성과 셰푸즈(謝富治, 1909~1972)를 당에서 사후 추방했다. 심지어 그들의 장례식에서 행해진 〔당의〕 추도사조차 공식적으로 철회했다. 지방 차원에서 대규모 숙청이 이루어지면서 일부 좌파 운동가들은 자살하기도 했다. 4인방의 재판은 2차 지방 숙청의 신호탄이 되었다. 20여 년 전에 홍위병 활동가로 활동했던 사람들과 문화대혁명 말기의 '영웅들'이 숙청 대상에 포함되었는데, 대학 입학시험을 비판했던 장톄성은 국가 전복죄로 15년형을 선고받았다.

〔문화대혁명 시기〕 한때 타도되었던 많은 관리들이 고위직으로, 때로는 명예직으로, 때로는 복수심을 품고 복귀하기도 했다. 또한 많은 사람들이 해외여행의 특전을 얻었다. 비공식적으로 그들의 자녀들은 종종 승진에서 우대를 받았다. 더 일반적인 대중적 상징 측면에서는 중국 지폐의 새로운 디자인에 노동자, 농민, 군인으로 구성된 마오쩌둥주의 3인방에 안경을 쓴 지식인을 추가하여 국가가 지식인을 다시 존중한다

는 점을 공식화했다.

국가는 문화대혁명 기간 동안 압수한 많은 재산을 시민들에게 돌려주었다. 1985년까지 베이징 문화유적국에 설치된 '문화대혁명 기간 약탈물 사무소'는 3만 점의 미수령 미술품과 17만 권의 도서를 전시하여 시민들이 반환을 청구할 수 있도록 했다. 당연히 가장 인기 있는 일부 품목에는 소유권을 주장하는 여러 건의 청구가 몰리기도 했다.

하지만 비판자들은 더 많은 것을 원했다. 문화대혁명은 비판하면서 대약진운동은 왜 비판하지 않는가? 어떤 사람들은 당이 1957년의 반우파투쟁을 부인하기를 원했고, 또 어떤 사람들은 혁명 자체를 부인하기를 원했다. 당과 국가 지도자들은 〔문화대혁명 기간에〕 삶이 나아진 노동자들부터 심한 고초를 겪은 지식인들까지 모든 중국 국민을 만족시킬 수는 없었다. 결국 중국은 이 논란의 여지가 있는 과거를 다루는 데 (다른 사회가 그랬던 것처럼) 불만을 야기할 만한 여러 제한을 두었다.

이런 제한을 초과하지 않는 범위 내에서 당이 보낸 신호는 분명했다. 중국공산당은 다소 방어적인 자세를 취하면서 마오쩌둥과 4인방에게 최대한 많은 책임을 전가한 뒤 모든 사람들에게 '미래를 바라보자'고 촉구한 것이다. 하지만 문화대혁명의 피해자 범주에 가족 중 부당한 대우를 받은 사람이 있는 경우까지 포함한다면 피해를 입은 중국인의 숫자는 1억 명을 헤아릴 것이다. 더 많은 숙청된 관리들이 정치적으로 복권이 되고 이전 직위를 회복하게 되자 사람들은 과거에 자신을 고발했던 사람들과 긴장 속에서 사무실을 공유해야 했다. 미래를 바라보는 것이 가장 시급했지만 거의 불가능에 가까운 일이었다.

중국공산당은 신격화된 마오쩌둥을 세속화하기 시작했다. 약간의 논란이 있기는 했지만 마오쩌둥은 베이징 톈안먼 광장 한가운데에 있는 거대한 영묘에 안치되었다. 중국공산당은 이 무덤을 해체하는 대신 기념관의 대상을 다른 5명의 공산당 지도자들, 즉 류사오치, 주더, 저우언라이, 천윈, (그리고 나중에) 덩샤오핑으로 확대했다. 마오쩌둥 전집은 1949년까지 중국 혁명 과정의 저술을 모은 총 4권으로 계속 출간되었다. 새로운 5권은 1949년부터 1976년 사이에 쓴 에세이로 구성되었는데, 너무 급진적으로 보인다는 이유로 출간이 취소되었다.

더이상 유행하지 않는 수백 개의 마오쩌둥 동상이 철거되었다. 대학 캠퍼스에 세워진 동상이 많았는데 특히 인기가 없었다. 1987년 말 베이징대학의 한 교수는 부서진 동상 조각들을 자신의 사무실에 전시하기도 했다. 중국에서는 주인이 손님들에게 차나 과일, 담배를 대접하는데 이 교수는 마오쩌둥의 동상 조각들을 나누어주며 방문객을 맞이했다. 훼손된 마오쩌둥은 중국 지식인들의 새로운 용기와 한때 위엄 있고 때로는 위협적이었던 존재에 대한 승리를 상징했다.

마오쩌둥에 비판적이었던 당의 반응 중에는 1980년 중국 헌법에서 '4대 권리(四大權利)'[6]가 삭제된 것이 있다. 자유롭게 발언하고, 견해를 충분히 발표하고, 대규모 토론회를 개최하고, 대자보를 작성하는 것은 파업권과 함께 더이상 권리가 아니게 되었다. 당의 원로들은 이 헌법 조항이 자신들의 비판자들을 고무시키는 것으로 여겼다. 게다가 이 4대 권리는 1979년 베이징의 '민주의 벽'에서 벌어진 유명한 시위에서 막 소환되었던 참이었다.

그러나 덩샤오핑과 그의 추종자들은 시위를 통제할 수 있을지 확신하지 못했다. 시위대에는 최근 농촌에서 돌아와 일자리와 정치 개혁에 굶주린 전직 홍위병들도 포함되어 있었다. 특히 시위대의 대자보는 과거 고발에 대한 불쾌한 기억을 가진 지도자들을 두려움에 떨게 했다. 지도자들은 마오쩌둥주의 정치의 가장 핵심적인 유산이라고 할 수 있는 대중정치 운동을 종식시키기 위해 이 위기를 기꺼이 이용했다. 그러나 이 4대 권리는 권위에 대항하는 표현의 자유를 보호하는 측면도 있었다. 서방 정부는 이를 모르는 척했는데, 덩샤오핑의 새 정권을 지지하기 위해서거나 인권에 긍정적인 영향을 미치는 마오쩌둥주의의 유산을 상상할 수 없었기 때문이었을 수도 있다.

문화대혁명에 관한 책과 기사 중에는 회고록과 유머집이 포함되어 있다. 두 장르 모두 전형적으로 지식인의 손상된 사회적 지위를 재확립하는 것을 목표로 삼았다. 문화대혁명의 유머 중에는 아트센터의 책임을 맡은 노동자가 비 때문에 암실이 엉망이 되자 필름을 야외에서 현상했다는 이야기와 도서관 사서가 된 한 노동자가 유명한 러시아의 혁명소설 『강철은 어떻게 단련되었는가』[7]를 야금학 항목에 도서 분류했다는 이야기 등이 있다.

그러나 각종 제약으로 마오쩌둥과 문화대혁명을 비판하는 움직임은 둔화되었다. 첫째, 당은 권위를 재확립하면서도 정통성을 확보하는 데 여전히 마오쩌둥의 유산에 의존했다. 당은 마오쩌둥이 70퍼센트는 잘했고 30퍼센트는 잘못했다고 했는데, 이런 모호한 공식으로는 많은 부분이 명확하지 않았다. 둘째, 문화대혁명은 수억 명의 서민들을 포용하고자 했다. 정치 엘리트들의 책동에도 불구하고 이들 노동 인민들은 일상생활에서 이 운동의 이상에 따라 살기 위해 노력했다. 당은 이러한 중국 인민들을 비판할 수 없었다. 그들의 근본적인 지혜와 선함은 지켜져야 했기 때문이다.

1989년의 격변과 문화대혁명의 향수

1989년 중국의 대규모 정치 위기로 인해 당의 불확실성은 더욱 증대되었다. 처음에는 부패와 인플레이션에 항의하여 일어난 대규모 민중 시위가 이후 민주주의의 확대를 요구하는 시위로 증폭되었다. 행진 참가자 중 상당수가 당원이었다. 이 거대한 사회운동은 6월 4일 폭력적인 진압이 있을 때까지 중국 전역에서 시위를 촉발시켰다. 시위로 인해 공산당은 분열되었고, 총서기 자오쯔양(趙紫陽)은 해임되어 2005년 사망할 때까지 가택연금에 처해졌다.

당내에서 승리한 파벌은 문화대혁명의 기억을 이용해 새로운 비판자들의 신망을 떨어뜨렸다. 예를 들어 장화의 양심 고백 에세이인 「책 파기에 관한 보고서」(제3장 참조)는 베이징에 계엄령이 내려지기 이틀 전인 1989년 4월 18일에 발표되었다. 이러한 회상을 통해 당은 사회적 무질서에 대한 매우 현실적인 불안감을 이용했다. 문화대혁명이라는 유령은 불과 10년 전에 명예와 권력을 되찾은 당내 집권파의 뇌리에 여전히 맴돌고 있었다. 마찬가지로 문화대혁명의 유령은 젊은 시위자들 역시 괴롭혔는데, 홍위병의 훌리건 같은 파괴행위를 재연하고 있다는 비판이 제기되지 않도록 늘 경계해야 했다.

시위대는 규율, 단결, 겸손으로 홍위병과 자신들을 뚜렷하게 차별화시켰다. 문화대혁명 때와 마찬가지로 학생들은 운동의 전면에 나섰다. 그러나 1989년에 학생들은 반란군이 아니라 중국의 진로를 애국충정으로 걱정하는 미래의 엘리트인 학생으로 자신들을 표현했다. 하지만 1989년의 새로운 시위대가 홍위병 세대와 마찬가지로 집단행동을 위해 정치의 레퍼토리를 활용하는 것은 불가피했다. 덩샤오핑은 자신을 비판하는 사람들을 폭력으로 진압하고 전국적인 선전을 통해 악마화했는데, 이는 1968년 겁에 질려 홍위병을 해체했던 중국의 정치 엘리트들과 다소 유사한 반응이었다.

6월 4일 베이징 대학살 이후 당은 정치적 장악력을 회복하더니 문화대혁명을 이전보다 가볍게 대중적으로 다룰 수 있게 했고, 행복했던 시절로 문화대혁명을 기억하는 전례없는 향수의 물결을 불러일으켰다. 문화대혁명 레스토랑이 여기저기 생겨나 농촌에서 보낸 시절을 떠올리게 하는 음식을 메뉴로 내놓았는데, 이제는 부유해진 전직 홍위병들에게는 고기를 훨씬 더 많이 제공했다. 또한 마오쩌둥 배지, 포스터, 조각상 등 문화대혁명 굿즈가 인기 있는 수집품이 되었다. 한때 장칭이 후원했던 연극이 열광적인 관객 앞에서 공연되었고, 마오쩌둥주의의 노래는 디스코 비트에 맞추어 연주되었다.

1990년대 초의 이러한 마오쩌둥 열풍과 동시에 경제개혁은 심도 있게 확대되었다. 덩샤오핑은 1989년의 폭력 사태로 침체된 경제를 활성화시키기 위해 시민들에게 시장이라는

'바다에 뛰어들라고(下海)' 독려했다. '마오쩌둥 열풍'은 단순한 향수였을 뿐 어떠한 마오쩌둥주의의 정치적 메시지도 없었다. 문화대혁명은 중국 문화의 거의 모든 것이 상품화되던 것처럼 새로운 개혁시대를 위해 상품화되었던 것이다. 마오쩌둥 열풍은 1960년대 서구의 대중문화가 품은 향수, 즉 야생적인 색채, 풍성한 머리, 정신적 탐구, 엉뚱한 신념 등은 유사하지만 인종주의, 빈곤 혹은 제국주의 전쟁에 맞섰던 (오늘날 보면 어색한) 투쟁들은 빠져 있다.

인기 영화인 〈햇빛 쏟아지던 날들(陽光燦爛的日子)〉(1994)은 1975년 군 장교 가족에 의해 홀로 집에 남겨진 열다섯 살 소년이 베이징을 탐험하는 이야기를 통해 문화대혁명을 그리고 있다. 그의 성장 모험기에서는 패싸움에 참여하고, 섹스를 탐험하고, 음식을 맛보고, 어른들의 위선을 발견하는 등 어른들의 감시가 사라진 젊은이의 스릴을 탐구했다. 이런 아련한 향수는 6월 4일의 냉혹한 탄압과는 극명한 대조를 이룬다.

문화 시장이 확대되자 선전 당국은 문화대혁명에 대한 논의를 규제하는 데 어려움이 커졌다. 문화대혁명이란 주제는 드러내놓고 금지된 적은 없었지만 실제로 많은 책과 예술에 자극이 되었다. 하지만 1990년에 선전부는 문화대혁명 사전의 편찬 기획을 저지했다. 이 프로젝트가 옛 단어와 문구를 정의하면서 옛날의 논쟁을 다시 불러일으킬 수 있어 사안이

11. 문화대혁명에서 영감을 받은 이미지는 오늘날 역설적인 방식으로 자주 등장한다. 더 피플즈 샌드위치 오브 포틀랜드(The People's Sandwich of Portland)의 이미지에는 멋진 망치 역할을 하는 피클 샌드위치가 등장한다.[8]

너무 중대하다고 판단했기 때문이다. 그러나 비슷한 다른 프로젝트들은 완료되었는데, 이는 문화대혁명이라는 중국의 격동적인 최근의 과거를 이해하려는 노력을 반영하고 있다.

문화대혁명을 이해하는 사람의 입장에서 다루는 것은 여전히 위험이 도사리고 있는 지뢰밭이다. 오늘날 그 위험성은 당의 모순적인 태도로 인해 더욱 커지고 있다. 예를 들어 다수의 혁명가극에 참여한 작곡가 위후이융 전 문화부장의 전기는 1994년 너무 '객관적'이라는 이유로 유통이 중단되었다. 지도부는 옛 정적을 비방하지 않고 냉정한 토론을 할 준비가 되어 있지 않았다. 그러나 이러한 입장은 모범 가극을 계속 공연하는 상업화된 향수에는 역행하는 것이었다. 상업적 경제는 1960년대 음악에 대한 향수를 시장에서 계속 이용할 수 있도록 보장하지만, 당이 문화대혁명에 내린 엄격하고 단호한 정치적 판결은 문화대혁명을 진지하게 탐구하면 고통스러운 논란을 불러일으킬 위험이 있음을 의미한다.

불편한 유산

중국은 논쟁적인 과거를 다룬 경험이 드물지 않다. 급진적인 정치운동에 대한 기억은 고매하고 높은 운동의 목표가 폭력적인 정치와 결합한 경우 특히 다루기 까다로워진다. (예를 들어) 미국은 노예제도에 반대하는 무장 반란을 주도했다가 교수형에 처해진 노예제도 폐지 운동가 존 브라운(John Brown)[9]의 모습을 줄곧 불편해했다. 러시아인들은 볼셰비키에 대한 의견 합의에 이르기가 쉽지 않다. 중국의 문화대혁명과는 달리 이 두 사례는 아직 생존해 있는 참가자들의 감정 문제는 내포되어 있지 않다.

문화대혁명 세대는 많은 중국인들 눈에 유달리 강단 있게 비춰지는데, 어려운 일들을 경험하며 단련되어 정치적으로는 능수능란하고 개인적으로는 의지가 강하기 때문이다. 그 시대는 냉소적이고 계산적이며 잔인했기 때문에 홍위병 출신들과 피해자들 모두 자신의 개인적인 강인함에 자부심을 가지고 있다. 반체제 예술가 아이웨이웨이(艾未未)[10]는 시인 아이칭(艾青)[11]의 아들이다. 아이칭은 당 지도부와 마찰을 빚은 원로 혁명가였는데, 아이웨이웨이 역시 2011년에 당과 충돌했다. 아이웨이웨이의 회상에 따르면 그의 아버지 아이칭은 마오쩌둥과 개인적인 친분이 있었지만 화장실 청소부로 좌천되었다. "공중화장실은 고장난데다 더럽고 지저분했습니다. 아버지는 가끔 똥을 뒤집어쓰고 집에 돌아오시곤 했습니다. 여벌의 옷도 없었습니다. 하지만 아버지는 침착하게 말씀하셨습니다. '지난 60년간 나는 누가 내 화장실을 청소하는지 몰랐단다.' 그 말씀은 우리를 충분히 납득시켰습니다."

그러나 개인적인 발견과 패배에 대한 회상은 공적인 담론에 거의 등장하지 않는다. 실제로는 가족 내에서조차 언급되지 않는 경우가 많다. 1989년 한 외국인과 저녁식사를 함께 한 지식인 부부는 두 사람이 홍위병 활동을 하면서 만났다는 사실을 언급해 열두 살 아들을 놀라게 했다. 하지만 이 부부는 포스트 문화대혁명 세대가 중국의 문제를 직접 경험하지 못했기 때문에 편하게 살아 버릇이 없다고 생각한다. 홍위병 세대가 중국의 제도권 내에서 권력을 잡았지만 중국은 여전히 이들 세대가 광범위하게 경험한 것에 대해 자유로운 토론을 허락하지 않는다. 이 주제가 금기라고 말하는 것은 사실이 아니지만 대화는 대부분 향수, 무지, 죄책감이라는 불만족스러운 해시태그로만 이어졌다.

문화대혁명이 처음 시작된 지 거의 반세기가 지난 지금 박해자와 피해자 모두 죽거나 은퇴했다. 현재의 정치 지도부는 점점 더 옛날 일이 되어가는 오늘날 엘리트들의 〔문화대혁명 때 참여한〕 청년 정치를 파헤치려고 하지 않는다. 그런데 왜 이것〔문화대혁명 때의 행적〕이 어떤 미국의 지도자가 베트남전에 참전했는지, 누가 병역을 회피했는지를 따지는 것보다 더 큰 문제를 불러일으킬까?

중국의 지도부는 대중 동원의 전술을 정치에서 배제하기를 원한다. 이러한 전략은 문화대혁명에 대한 논의를 계속 억제하는 데 도움이 될 것이다. 놀랍게도 경제개혁시대의 갈등에 고착된 격렬한 사회적 시위가 중국 전역을 휩쓸고 있다. 국유기업 노동자, 집을 잃은 사람들, 연금 수급자, 이주민, 실업자 등 최근의 시위자들 사이에서 마오쩌둥의 이미지는 꾸준히 호소력을 발휘하고 있다. 공산당은 이들이 문화대혁명식의 사고와 대응하지 못하도록 막고 싶어한다. 한때 농촌에 살았던 과거의 청년들이 〔노년이 되어〕 비공식적으로 다시 만나고 활동하는 것에는 아무런 제약이 없지만 보다 공식적이고 조직적인 행동에는 제재가 뒤따른다.

문화대혁명을 논의함에 있어 또다른 장애물은 최고 지도자들의 관점이 서로 다를 가능성이 높다는 점이다. 최고 지도자 그룹에서 그들 개인 및 가족이 겪은 경험과 그들의 감정 때문에 견해의 일치가 불가능할 수 있다. 그리고 언제나 논의하지 않는 편이 의견을 달리하는 것보다 나은 법이다.

이러한 과묵함은 1957년 반우파투쟁, 1958년 대약진운동, 1989년 베이징 대학살 등 대형 참사에 대한 공개적인 논의에 대해 불안해하는 공산당의 태도에서도 그대로 나타난다. 문화대혁명의 특정 이슈들은 토론이 허용 가능한 것으로 밝혀졌지만 향후 어떤 이슈에 대한 논의가 금지될지는 아무도 모른다. 신중한 사람들은 다른 주제로 전환한다. 마오쩌둥에 대한 비판은 허용하면서 문화대혁명을 기념하는 공공 기념관이나 박물관을 세우자는 요구를 무시하는 것은 불안정한 측면이 있다. 예를 들어 소설가 바진(巴金)은 박물관 프로젝트를 후원했지만 아무 성과도 얻지 못했다.[12]

문화대혁명에 대한 해석은 계속 정체 상태였던 것은 아니며 오히려 광범위한 정치적 요구에 부응해 진화해왔다. 예를 들어 미국의 베이비붐 세대처럼 노령화된 홍위병이 황금 같은 젊은 시절을 되돌아보면서 문화대혁명 10년 동안의 섹슈얼리티(sexuality) 본질에 대한 새로운 관심이 나타났다. 또한 섹슈얼리티는 군대의 역할이나 덩샤오핑 또는 현 지도자들의 〔문화대혁명〕 경험을 재고하는 것보다 정치적 이슈를 덜 제기한다. 중국의 자유화는 사회의 가장자리를 따라 움직이고 있지만 중앙의 제도와 신화를 느리게 변화시키고 있다.

개인에 대한 비난은 계속되고 있다. 원로 지식인들은 여전히 친구를 비겁하게 밀고했다며 서로를 공격한다. 이러한 기억과 폭로는 사람을 우울하게 만들지만 한때 저명했던 인물의 〔숨겨진〕 더러운 과거에 강한 흥미를 느끼는 대중들을 만족시킨다.

상업화 경제가 확대되면서 지적 '콘텐츠'를 소유한 사람들은 새로운 기회를 찾았다. 문화대혁명 예술은 집단적인 후원으로 창작된 경우가 많았는데, 작품에 대한 권리가 누구에게 있는지를 두고 각종 분쟁이 벌어지곤 했다. 쓰촨성 지주가 소작농을 학대하는 100개의 조각상으로 구성된 작품 〈소작료 징수 마당(收租院)〉은 1960년대 관광의 메카였는데, 이것을 패러디한 차이궈창(蔡國强)의 작품이 1999년〔원문은 2000년〕 베니스 비엔날레에 출품되자 1960년대의 작품 조각가 중 생존해 있던 작가들이 자신들의 저작권을 존중하지 않는 비혁명적인 후계자들을 고소했다. 마오쩌둥 어록을 노래로 만든 작곡가 리지에푸(李劫夫, 1913~1976)의 상속인들은 1990년대 마오쩌둥 열풍으로 그의 음악이 재활용되자 보상을 요구했다. 또한 류춘화의 유화 〈안위안으로 간 마오쩌둥 주석〉(1968)[13]에 대한 권리를 놓고 오랜 법정 공방이 벌어지기도 했다. 1995년 류춘화는 이 그림을 한 은행에 팔았으나 베이징의 중국국가박물관이 소송을 걸어 국가가 이 작품을 문화유물로 인정했음에도 불구하고 이 은행은 여전히 그림을 소유하고 있다.

마오쩌둥주의 모범 병사였던 레이펑은 대중의 상상 속에서 여전히 살아 있으며 존경받고 있다. 그러나 그는 문화대혁명 시절만큼 존경받지는 못한다. 레이펑 브랜드 콘돔이 출시되었다는 추문은 많은 사람들을 격분시켰고, 2007년 이 브랜드는 판매가 중지되었다. 2년 후 텔레비전 시리즈에서 레이펑 역할에 발탁된 한 배우는 사생활 논란으로 이런 고귀한 역할을 맡을 자격이 없다는 폭로가 나오자 책임을 회피하기에 바빴다.

토론의 장을 이상하리만큼 제약하고 있는 것이 오히려 문화대혁명에 대한 풍자의 매력을 높이고 있다. 옌롄커(閻連科, 1958~)의 2005년 소설『인민을 위해 복무하라(爲人民服務)』는 마오쩌둥주의 군사령관의 아내와 그의 부하 사이의 격정적인 불륜을 그리고 있다.[14] 마오쩌둥의 저작과 동상 등 혁명의 상징물을 파괴하면서 성적 금기와 정치적 금기의 위반이 뒤섞이고, 두 사람의 열정은 고조된다. 이 소설은 유력 문학잡지에 게재되었지만 〔중국에서〕 출판은 금지되었다. 1966년 당시 여덟 살이었던 옌롄커는 문학상을 수상한 작가로, 이후 경력에서 불이익을 받은 것 같지는 않으며 의심의 여지없이 해외 판매로 판권 수익을 누리고 있다.

문화대혁명의 미래

문화대혁명은 죽었고 대부분 파묻혀 있기 때문에 문혁을 이해하려는 노력을 하면 문혁이라는 시체를 하얗게 분식하거나 혹은 충분한 분노를 표하지 않는다고 오해받을 위험이 있다. 그럼에도 불구하고 문화대혁명을 바라보는 생각들은 앞으로도 한동안 우리의 정치적·지적 지형의 일부가 될 것이다.

중국 국내의 경우 젊은이들은 큰 관심을 보이지 않는다.

현재의 지도자들을 움직이는 것에는 더이상 덩샤오핑 세대가 공유했던 개인적인 원한 같은 것은 찾아볼 수 없다. 시간이 흐르면서 문화대혁명에 대한 기억의 규모는 줄어들고, 예전처럼 전례없는 폭발로 보이지는 않게 되며, 격변의 한 세기 속의 한 사건으로 더욱 확고하게 자리잡을 것이다.

마오쩌둥 사망 이후 사회 변화의 속도가 대중의 의식을 지배하면서 문화대혁명의 영향력 약화를 시사하는 현상이 나타나고 있다. 개혁개방시대에 성인이 된 중국인들은 1960년대의 사람들보다 세상에 대해 더 많이 배울 수 있고, 더 넓은 견해를 표현할 수 있으며, 당의 괴롭힘이나 패거리를 지어 린치를 가하는 행동주의로 고통받는 일이 줄어들었다. 피해자 개개인이 세상을 떠나면서 사건의 진상규명이나 추모에 대한 관심도 희미해지고 있다. 예를 들어 전통문화의 정치적 파괴처럼 〔문화대혁명에서〕 한때 커다란 공포를 불러일으켰던 스캔들은 이제 시장원리에 따른 파괴가 이를 능가하게 되었다. 지역사회 전체가 부동산 투기꾼들에 의해 무너지고 있다. 문화대혁명에서 살아남은 전통예술 공연자들은 관객이 거의 없는 상황에 처해졌다. 마찬가지로 미숙하게 준비한 대중 동원 과정에서 발생한 마오쩌둥주의자들의 환경 파괴는 충격적이었지만, 거의 규제하지 않는 자가용과 공해산업의 확대가 이를 능가했다.

편집증, 기회주의, 가치관의 파괴라는 문화대혁명의 유산은 여전히 남아 있다. 그러나 일찍이 문화대혁명에 대해 제기했던 도덕적 비판은 이후의 전개 과정 탓에 무색해져버렸다. 일부에서는 마오쩌둥이 〔처음의 뜻은 좋았으나〕 나쁜 방식이 늘어난 것에 책임이 있다고 말하지만, 포스트 문화대혁명시대에도 아노미, 범죄, 대중의 폭력성이 많이 드러났다. 지난 30년간 중국은 번영했지만 사회분열, 환경 재앙, 빈부격차 심화, 불균등한 경제발전, 종족 갈등, 그리고 중국의 사회구조가 큰 스트레스를 받고 있다는 만연한 믿음 등 각종 문제들을 초래했다.

개혁개방시대의 냉혹함은 때때로 문화대혁명을 낭만화하는 마오쩌둥주의에 대한 향수를 불러일으키며, 공익과 법과 질서에 대한 마오쩌둥주의적 관심을 최근의 탐욕 및 부패와 대비시킨다. 마오쩌둥이 경고했던 정치인들이 이끄는 오늘날의 중국공산당은 노동쟁의에서 문화대혁명의 분석과 방법을 배제하기 위해 안간힘을 쓰고 있다. 2010년 좌파사상의 전통적 보루인 허난성에서 노동자들에 대한 마오쩌둥주의적 호소는 험하게 처리된 바 있다.[15] 문화대혁명의 기억은 여전히 심각한 모순에 직면한 사회에 대한 항의를 잠재우는 부기맨(boogeyman)[16] 역할을 한다. 문화대혁명은 이런 식으로 엘리트 투자자들이 현행 질서를 유지하는 데 활용된다. 당의 불안은 경제성장이 위협받을 때 가장 첨예하다. 이는 문화대혁명의 이미지가 대중이 공공생활에 참여하지 못하도록 하는 데 사용될 뿐만 아니라 궁극적으로는 민주주의에 반대하는 데 사용된다는 사실을 상기시켜준다.

하지만 문화대혁명 세대는 오늘날 정치뿐 아니라 비즈니스, 문화, 군대 등 다양한 분야에서 중국을 이끌고 있다. 이 지도자들은 쓰라린 경험과 환멸을 적지 않게 겪었음에도 많은 사람들이 홍위병일 때 자신들을 추동했던 이상주의의 영향을 계속 받고 있다. 이러한 사회정의에 대한 열망과 상반된 정치 현실은 최근의 성장에도 불구하고 농촌 사람들이 낙오된 채 방치되어 있다는 좌절감을 계속해서 불러일으킨다.

덜 이상적이지만 흥미로운 곳에서 마오쩌둥주의는 재출현하고 있다. 비즈니스 전략 수업에서는 젊은 기업가들에게 마오쩌둥 주석의 혁명 관련 저술을 가르치며 소도시에서 주요 시장을 포위하라고 조언하는데, 이는 농촌에서 도시로 전개하는 마오쩌둥의 혁명 이론에 자본주의적인 변주를 더한 것이다.[17] 문화대혁명은 이 커리큘럼에서 거의 역할을 하지 않는다. 그러나 비즈니스 엘리트들에게까지 마오쩌둥을 어필하는 것은 중국 민족주의가 애국자이자 나라를 세운 마오쩌둥을 버리지 않을 것임을 우리에게 상기시켜준다. 중국은 문화대혁명을 어떻게 다룰 것인지에 대한 딜레마가 커질수록 좋든 나쁘든 마오쩌둥을 떨쳐버릴 수가 없다.

중국 너머로 시야를 돌려보면 서구는 아직 문화대혁명을 제대로 이해하지 못하고 있다. 서구가 국제사회에서 중국의 부상과 씨름하는 동안 문화대혁명은 여전히 유용하고 아마도 거부하기 힘든 선전 포인트일 것이다. 서구가 상상해낸 서양의 도덕적 우위는 전형적이고 잘못된 문화대혁명의 서사에 의해 명확해지기 때문이다. 경제는 휘청거렸고 교육은 파괴되었는데, 덩샤오핑이 〔서구의〕 자유시장을 모방해 중국을 구해냈다는 것이다. 마오쩌둥의 시체를 걷어차는 것은 세계화(globalism)의 입지를 강화하고, 사회주의가 작동하지 않는다는 것을 증명하며, 중국이 불안정하고 위험하다는 것을 드러낸다. 마오쩌둥이 중국의 민족주의의 상징으로 살아남는다면 중국에게는 훨씬 더 나쁜 일이 될 것이다.

서구의 기자들은 때때로 특정 연령대의 거의 모든 사람을 '문화대혁명 생존자'로 빠르게 규정한다. '생존자'는 머리카락이 곤두서는 시련을 진정으로 견뎌낸 사람부터 그저 일상을 잘 지내던 사람까지 모두를 아우른다. 가장 광범위한 의미에서 모든 사람이 피해자라는 것은 분명한 사실이다. 그러나 이런 피해자의 내러티브는 어떤 사람들은 다른 사람들보다 더 큰 피해를 입었다는 사실을 무시하며, 고통에도 매우 다양한 차이가 있다는 점을 묵살한다. 이는 홀로코스트 신화에 힘을 실어주고, 서구에게 스스로가 중국의 구세주라는 인식을 부여했다.

선교사시대부터 전해내려오는 이 고색창연한 비유가 다시 부상하고, 최근 망명자들의 영향력 있는 회고록 시리즈 덕분에 힘을 얻고 있다. 전형적으로 특권층 집안의 젊은이가 마오쩌둥주의의 폭풍에 휘말리지만 서구의 대학으로부터 장학금을 받고 구출된다. 그 역정은 암담한 중국에서의 삶에서 출발하는데, 주인공인 중국의 젊은이는 전체주의를 인지하기에는 너무 순진했다. 문화대혁명의 열정이 폭발하고, 때로는 자아 발견과 함께 서구로의 도피가(그렇게 표현되지는 않지만) 이어진다. 이런 회고록들은 견문을 넓혀주고 뛰어난 문장들이 많아 많은 독자들의 사랑을 받는다. 재능 있고 근면하며 야심찬 회고록의 작가들은 서구 독자와의 어려운 공감대를 능숙하게 이끌어낸다. 그러나 이들 회고록은 중국을 지나치게 단순화함으로써 서구 독자들의 우월 의식에 은근히 비위를 맞추고 있다.

중국이 문화대혁명을 받아들이고 수용하는 데 실패했다고 반복적으로 주장하는 것은 도움이 되지 않는다. 이러한 냉혹한 판단은 복잡한 사회가 견디기 힘든 과거사를 다룰 때 직면해야만 하는 어려움을 사소한 것으로 만들어버린다. 어떤 사람은 미국 사회가 베트남 침공이라는 자신의 과거와 어렵게 마주하고자 노력했는데, 중국 역시 문화대혁명을 마주함에 있어서 그만큼은 노력했다고 말할 수 있을 것이다. 중국 지폐를 마오쩌둥의 얼굴로 장식한 것은 분명 많은 사람들의 기분을 상하게 하지만 이는 미국연방수사국(FBI) 본부를 존 에드거 후버(John Edgar Hoover)[18] 빌딩으로 명명한 것과 마찬가지이다.

중국은 계속해서 서구의 호기심을 자극하고 있다. 문화대혁명 기간 동안 중국에 매혹된 외국인들의 관심은 대체로 단순했지만 이는 서양인들이 아시아의 정치사상을 진지하게 생각하기 시작한 전환점이 되었다. 또한 문화대혁명은 중국이 서구와 이념적 거리가 가장 크게 벌어진 시점이기도 한데 식민주의와 자본주의에서 명백히 벗어난 가능성 있는 대안적 근대성에 대한 유혹을 대폭 키웠다(그리고 모호하게 만들었다). 현재 중국에 관한 논의 역시 중국을 서구에 대한 대안으로 보고 있는데, 다만 이번에는 마오쩌둥주의가 아니라 애매모호한 유교, 그리고 예상하지 못했던 경제적 경쟁자로서이다. 이제 서구는 중국을 매우 진지하게 보고 있으며, 1960년대 〔서구가 중국을 보고 느꼈던 혁명의〕 매혹은 두려움, 분노, 경제적 기회주의가 불안정하게 혼합된 감정으로 바뀌었다.

연혁

1905년	유교식 과거제도 폐지
1912년	청나라 붕괴, 황제 타도 및 공화국 수립
1919년	산둥성에 대한 독일의 권리를 일본에 넘긴 베르사유조약에 반대하는 시위를 시작으로 문화와 정치를 현대화하려는 5·4운동이 시작됨
1921년	중국공산당 창당
1927년	장제스가 합작중이던 공산당을 숙청함
1931년	일본이 중국 만주지방을 침공함
1934~1935년	대장정, 국민당 공격을 피해 공산당이 후퇴함
1937~1945년	항일전쟁
1942년	옌안의 정풍운동. 마오쩌둥은 노동자, 농민, 군인 등에 복무하는 지식인들의 개조를 통해 공산당 내 입지를 공고히 함
1949년	중화인민공화국 수립. 국민당 정부는 타이완으로 도피
1950년	일부다처제와 중매결혼을 금지하는 혼인법 반포, 토지개혁
1950~1953년	한국전쟁에서 중국과 미국이 충돌하여 교착 상태에 빠짐

1953~1957년	제1차 5개년 계획으로 구소련의 계획적 집단 경제 모델이 제도화됨
1956~1957년	'백화제방' 캠페인으로 비당파 지식인들의 비판적 지지를 독려함
1957~1958년	반우파 캠페인으로 비판적 지식인들을 침묵시킴
1958년	대약진운동
1959~1961년	대약진운동의 실패, 기근
1960년	구소련이 중국에서 기술 고문들을 소환함
1962년	시장 실험, 마오쩌둥은 "계급투쟁을 절대 잊지 말아야 한다"고 호소함
1963년	레이펑 학습 캠페인
1964년	중국 최초의 핵폭탄 실험, 삼선건설 프로젝트 시작
1966년	문화대혁명 시작, 홍위병의 대규모 집회
1967년	정치적 동맹(三結合)을 강제하여 지방 권력을 재건하려고 노력함
1968년	홍위병을 농촌으로 파견함, 문화대혁명의 급진적인 단계 종료
1969년	구소련과의 국경 충돌, 제9차 당대회, 마오쩌둥의 후계자로 린뱌오가 지명됨
1970년	중국 최초의 인공위성을 궤도에 쏘아올림
1971년	린뱌오가 외몽골에서 비행기 추락 사고로 사망, 중

	국이 유엔 의석을 되찾음
1972년	리처드 닉슨 미국 대통령의 방중, 미국과 중국의 국교 정상화 시작
1973년	덩샤오핑이 복권됨
1974년	문화대혁명의 보호를 위한 '린뱌오와 공자에 대한 반대(批林批孔)'운동 시작
1975년	덩샤오핑, 두번째로 숙청당함
1976년	저우언라이 총리 사망, 톈안먼 광장 시위, 탕산 지진, 마오쩌둥 사망, 군대가 4인방으로 지목한 장칭과 그 동료들을 체포함
1977년	전국 대학 입학시험(高考) 재개
1978년	덩샤오핑이 시장 지향의 경제개혁 도입
1979년	민주주의의 벽, 미국과 중국의 외교관계 수립
1980~1981년	4인방과 린뱌오 반혁명파에 대한 재판
1989년	정치 개혁을 외친 전국적인 시위가 베이징 대학살로 끝남
1991년	장칭이 감옥에서 자살함
1992년	덩샤오핑이 시장 개혁을 확대

문화대혁명의 주요 인물

보이보(薄一波, 1908~2007) 국가계획위원회 주임(실제는 국가계획위원회 부주임, 주임은 리푸춘(李富春, 1954~1970 재임)이었다. 보이보는 국가경제위원회 주임(1956~1970) 재임 —옮긴이)이자 초기 문화대혁명의 표적이었다.

천보다(陳伯達, 1904~1989) 당의 대표적인 선전가로 잡지 〈홍기(紅旗)〉의 편집인. 1966년 중앙문혁소조(中央文革小組)의 조장을 맡았다. 문화대혁명의 급진 단계가 끝나자 영향력을 상실했으며, 4인방 및 린뱌오 일파와 함께 재판을 받았다.

덩샤오핑(鄧小平, 1904~1997) 1966년 당시 공산당 〔중앙서기처〕 총서기였던 그는 '주자파 2인자'로 매도당했다. 마오쩌둥에게 정치적 능력을 인정받은 그는 마오쩌둥의 부름을 받아 1973년 부총리로 복귀했으나 1976년 재차 숙청당했다. 1978년부터 1996년까지 중국의 '최고 지도자'(고위 실무 직책은 하나도 맡지 않음)이자 마오쩌둥 사후 개혁과 1989년 정치 소요의 폭력적 진압을 총설계한 인물이다.

화궈펑(華國鋒, 1921~2008) 후난성의 정치인으로 린뱌오 사건 이후 문화대혁명 기간 동안 승진했다. 저우언라이 사망 후 중화인민공화국의 2대 총리가 되었고, 마오쩌둥의 뒤를 이어 당의 주석이 되었다. 그는 4인방 체포에 중요한 역할을 했지만 정치적으로 덩샤오핑의 전략에 밀려 1980년에서 1981년 주요 직책을 포기했다. 다만

2002년까지 당 중앙위원회 위원직은 유지했다.

장칭(江青, 1914~1991) 배우였던 장칭은 1938년 마오쩌둥의 세번째 부인이 되었다. 마오쩌둥의 동료들은 혼전 합의를 통해 그녀의 정계 진출을 막았다. 그녀는 문화대혁명 기간 동안 남편의 중요한 협력자가 되었다.

캉성(康生, 1898~1975) 당내 보안의 총괄 책임자로 원로 당 지도자였으며, 문화대혁명 기간에는 마오쩌둥의 핵심 협력자가 되었다.

린뱌오(林彪, 1907~1971) 저명한 공산당 군 지도자로, 수년 간 군대를 급진화시켜 문화대혁명으로 이끌었다. 한때 마오쩌둥의 '가장 가까운 동지'이자 후계자로 지명되었으나, 아직 밝혀지지 않은 음모에 휘말려 외몽골에서 비행기가 추락하여 사망했다.

류사오치(劉少奇, 1898~1969) 중국 혁명 당시 공산주의 항일 지하활동의 조직자이자 1959년부터 1968년까지 중화인민공화국의 국가주석을 역임했다. 마오쩌둥의 후계자로 지목되었으나 '중국의 흐루쇼프'로 문화대혁명의 주요 표적이 되었다.

마오쩌둥(毛澤東, 1893~1976) 1935년부터 1976년까지 중국공산당의 지도자였다. 1954년부터 1959년까지 중화인민공화국의 국가주석이었으며 문화대혁명의 기획자이다.

펑전(彭眞, 1902~1997) 베이징시의 당 지도자(베이징 시장, 당 제1서기—옮긴이)로 좌파정책을 막았다는 이유로 분노한 마오쩌둥주의자들의 초기 표적이 되었다. 복권되어 1980년대는 전국인민대표대회

지도자를 맡았다(전국인민대표대회 상무위원회 위원장—옮긴이).

왕훙원(王洪文, 1935~1992) 4인방 중 최연소. 한국전쟁 참전용사로 상하이의 한 공장에서 보안 업무를 맡다가 문화대혁명 기간 동안 급부상하여 전국적인 정치인이 되었다(1973~1977 중국공산당 중앙위원회 부주석—옮긴이).

야오원위안(姚文元, 1931~2005) 상하이의 저널리스트이자 문학평론가. 베이징 부시장의 연극을 비평하여 마오쩌둥이 베이징 지도부에 대한 공격을 시작하는 데 도움을 주었다. 야오원위안은 당 중앙으로 승진했지만 4인방 중 정치적 존재감은 가장 미미했을 것이다(1969~1977 중국공산당 중앙정치국 위원—옮긴이).

장춘차오(張春橋, 1917~2005) 공산당 지식인으로 문혁파가 상하이 정부를 접수하면서 권력을 장악했다(1967~1977 상하이시 혁명위원회 주임—옮긴이). 당 중앙 조직으로 승진(1973~1977 중국공산당 중앙정치국 상무위원, 1975~1977 국무원 부총리—옮긴이)하고 마오쩌둥 사망 후 체포되었는데, 4인방 중 이론적으로 가장 뛰어난 인물이었다.

참고문헌

1장

앙드레 말로에게 마오쩌둥이 한 발언은 Andre Malraux, *Anti-Memoirs* (New York: Holt, Rinehart, and Winston, 1968), 373~74, 373에 나온다. 이 발언들은 마오쩌둥의 말이지만 그만큼 말로의 말이기도 한데, 발언의 기조는 같다.

2장

마이클 쇤할스(Michael Schoenhals)와 로데릭 맥파쿼(Roderick MacFarquhar)는 『마오의 마지막 혁명』에서 운동의 정치적 흐름을 추적한다(*Mao's Last Revolution*, Cambridge, MA: Harvard University Press, 2006). 홍위병에 관해서는 다음을 보라. Andrew G. Walder, *Fractured Rebellion: The Beijing Red Guard Movement* (Cambridge, MA: Harvard University Press, 2009). 프레드릭 테이웨스(Frederick Teiwes)와 워렌 선(Warren Sun)은 다음 책에서 문화대혁명을 해제하였다. *The End of the Maoist Era: Chinese Politics during the Twilight of the Cultural Revolution, 1972–1976* (Armonk, NY: M. E. Sharpe, 2007). 도시 노동자의 역할에 관해서는 다음을 보라. Elizabeth Perry and Li Xun, *Proletarian Power: Shanghai in the Cultural Revolution* (Boulder, CO: Westview Press, 2000). 장양(Jiang Yang)은 농촌으로 추방된 도시 지식인들의 생활을 다음 책에서 그려내고 있다. *A Cadre School Life: Six Chapters* (Hong Kong: Joint Publication Company, 1982).

3장

폴 클라크(Paul Clark)는 급진적 예술 프로그램을 살펴본다. *The Chinese Cultural Revolution: A History* (Cambridge: Cambridge University Press, 2008).

4장

다음 문헌을 참조하라. Barry Naughton, *The Chinese Economy. Transitions and Growth* (Cambridge, MA: MIT Press, 2007); Chris Bramall, *Chinese Economic Development* (London: Routledge, 2009). 농촌생활에 대한 상반된 견해는 다음을 보라. Gao Mobo, *Gao Village* (Honolulu: University of Hawaii Press, 1999).

5장

문화대혁명의 국제적 영향에 대해서는 다음을 보라. Ma Jisen, *The Cultural Revolution in the Foreign Ministry of China* (Hong Kong: Chinese University Press, 2004); Anne-Marie Brady, *Making the Foreign Serve China: Managing Foreigners in the Peoples Republic* (Lanham, MD: Rowman and Littlefield, 2003).
마오쩌둥의 주자파에 관한 불안은 다음에서 인용함. Schoenhals and MacFarquhar, 47.

6장

문화대혁명의 종결에 대한 마오쩌둥의 발언은 다음에서 찾을 수 있다. Michael Schoenhals, *China's Cultural Revolution: Not a Dinner Party*(Armonk, NY: M. E. Sharpe, 1996), 293.

아이칭과 화장실 일화는 다음을 참조하라. David Pilling, "Lunch with the FT: Ai Weiwei," *Financial Times*, April 23, 2010.

제레미 R. 바르메(Geremie R. Barmé)는 포스트 문화대혁명의 대중의 상상 속에서 마오쩌둥을 탐구한다. *Shades of Mao: The Posthumous Cult of the Great Leader* (Armonk, NY: M. E. Sharpe, 1996).

추천 도서

Barmé, Geremie R. *Shades of Mao: The Posthumous Cult of the Great Leader*. Armonk, NY: M. E. Sharpe, 1996.

Baum, Richard. *Burying Mao: Chinese Politics in the Age of Deng Xiaoping*. Princeton, NJ: Princeton University Press, 1994.

Bramall, Chris. *Chinese Economic Development*. London: Routledge, 2009.

Brady, Anne-Marie. *Making the Foreign Serve China: Managing Foreigners in the People's Republic*. Lanham, MD: Rowman and Littlefield, 2003.

Chan, Anita, Richard Madsen, and Jonathan Unger. *Chen Village: The Recent History of a Peasant Community in Mao's China*. Berkeley: University of California Press, 1984.

Chang, Jung. *Wild Swans: Three Daughters of China*. New York: Simon and Schuster, 1991.

Cheng, Nien. *Life and Death in Shanghai*. New York: Grove, 1987.

Clark, Paul. *The Chinese Cultural Revolution: A History*. Cambridge: Cambridge University Press, 2008.

Esherick, Joseph W., Paul G. Pickowicz, and Andrew G. Walder, eds. *The Chinese Cultural Revolution as History*. Stanford, CA: Stanford University Press, 2006.

Gao Mobo. *Gao Village*. Honolulu: University of Hawaii Press, 1999.

Gao Yuan. *Born Red: A Chronicle of the Cultural Revolution*. Stanford, CA: Stanford University Press, 1987.

Goldstein, Melvyn, Ben Jiao, and Tanzen Lhundrup. *On the Cultural Revolution in Tibet: The Nyemo Incident of 1969*. Berkeley: University of

California Press, 2009.

Han, Dongping. *The Unknown Cultural Revolution*. New York: Monthly Review Press, 2008.

Jiang Yang. *A Cadre School Life: Six Chapters*. Hong Kong: Joint Publication Company, 1982.

Joseph, William A., Christine P. W. Wong, and David Zweig, eds. *New Perspectives oji the Cultural Revolution*. Cambridge, MA: Harvard University Press, 1991.

Kraus, Richard Curt. *Pianos and Politics in China: Middle-Class Ambitions and the Struggle over Western Music*. New York: Oxford University Press, 1989.

Law, Kam-yee. *The Chinese Cultural Revolution Reconsidered: Beyond Purge and Holocaust*. Houndmills, UK: Palgrave Macmillan, 2003.

Lee, Ching Kwan, and Guobin Yang, eds. *Re-envisioning the Chinese Revolution: The Politics and Poetics of Collective Memories in Contemporary China*. Washington, DC: Woodrow Wilson Center Press and Stanford University Press, 2007.

Li Zhensheng. *Red-Color News Soldier: Photographs of the Cultural Revolution*. New York: Phaidon Press, 2003.

Li Zhisui. *The Private Life of Chairman Mao*. New York: Random House, 1994.

Liang Heng, and Judith Shapiro, *Son of the Revolution*. New York: Knopf, 1983.

Ma Jisen. *The Cultural Revolution in the Foreign. Ministry of China*. Hong Kong: Chinese University Press, 2004.

Meisner, Maurice. *Mao's China and After: A History of the People's Republic*. New York: Free Press, 1986.

Milton, David, and Nancy Dall Milton. *The Wind Will Not Subside: Years in Revolutionary China*. New York: Pantheon, 1976.

Min, Anchee. *Red Azalea*. New York: Pantheon, 1994.

Mitter, Rana. *A Bitter Revolution: China's Struggle with the Modern World*. Oxford: Oxford University Press, 2004.

Naughton, Barry. *The Chinese Economy: Transitions and Growth*. Cambridge, MA: MIT Press, 2007.

Perry, Elizabeth, and Li Xun. *Proletarian Power: Shanghai in the Cultural Revolution*. Boulder, CO: Westview Press, 2000.

Rae Yang. *Spider Eaters: A Memoir*. Berkeley: University of California Press, 1997.

Riskin, Carl. *China's Political Economy: The Quest for Development since 1949*. Oxford: Oxford University Press, 1987.

Schoenhals, Michael. *China's Cultural Revolution, 1966–1969: Not a Dinner Party*. Armonk, NY: M. E. Sharpe, 1996.

Schoenhals, Michael, and Roderick MacFarquhar. *Mao's Last Revolution*. Cambridge, MA: Harvard University Press, 2006.

Spence, Jonathan. *The Search for Modem China*. New York: Norton, 1990.

Teiwes, Frederick C., and Warren Sun. *The End of the Maoist Era: Chinese Politics during the Twilight of the Cultural Revolution 1972–1976*. Armonk, NY: M. E. Sharpe, 2007.

Walder, Andrew G. *Fractured Rebellion: The Beijing Red Guard Movement*. Cambridge, MA: Harvard University Press, 2009.

Wang Ban, cd. *Words and Their Stories: Essays on the Language of the Chinese Revolution*. Leiden: Brill, 2010.

White, Lynn T. III. *Policies of Chaos: The Organizational Causes of Violence in China's Cultural Revolution*. Princeton, NJ: Princeton

University Press, 1989.

Woei Lien Chong, ed. *China's Great Proletarian Cultural Revolution*. Lanham, MD: Rowman and Littlefield, 2002.

Yan Jiaqi, and Gao Gao. *Turbulent Decade: A History of the Cultural Revolution*. Honolulu: University of Hawai'i, 1996.

Yue Daiyun, and Carolyn Wakeman. *To the Storm: The Odyssey of a Revolutionary Chinese Woman*. Berkeley: University of California Press, 1985.

독서 안내

문화대혁명 연구는 국내외에서 당대 중국 연구로서 사회과학 분야에서 먼저 시작되었다. 최근에는 역사학 분야에서 본격적인 탐색이 이루어지고 있으나 자료 공개의 미비로 관심만큼 큰 성과를 내고 있지는 않다. 대표적인 국내의 문화대혁명 연구는 사회학자인 백승욱의 일련의 성과이다. 입문서로는 백승욱의 『문화대혁명: 중국 현대사의 트라우마』(살림, 2011)가 적당한데, 살림지식총서 293으로 기획되어 옥스퍼드 시리즈와 성격이 비슷하다. 유사한 입문서로는 번역서인 바바 기미히코의 『세계사 속의 중국 문화대혁명』(장원철 옮김, 에이케이커뮤니케이션즈, 2020) 역시 최근에 출간되었다.

백승욱의 좀더 학술적인 저서로는 『중국 문화대혁명과 정

치의 아포리아: 중앙문혁소조장 천보다와 조반의 시대』(그린비, 2012) 및 『중국 노동자의 기억의 정치: 문화대혁명 시기의 기억을 중심으로』(폴리테이아, 2007)가 있다. 중국의 노동자 문제를 연구했으므로 3권 모두 문화대혁명 시기의 노동자계급 내의 갈등 구조, 노동자계급의 문화대혁명 인식 등에서 많은 흥미로운 서술을 찾아볼 수 있다. 문화대혁명 시기의 분석을 뛰어넘어 개혁개방시대 이후의 노동자계급에 대한 문제를 다루고, 현재진행형인 문화대혁명의 상징성을 강조했다.

손승회의 『문화대혁명과 극좌파: 마오쩌둥을 비판한 홍위병』(한울, 2019)은 한국 역사학계에서 처음 출간된 본격적인 문화대혁명에 관한 전문 학술서이다. 문화대혁명으로 분출된 홍위병과 극좌파를 연구하여 이들이 마오쩌둥과 당 중앙으로부터 오히려 비판받고 탄압당하는 과정을 추적했다. 일반적으로 문화대혁명과 홍위병을 일체화하여 파악하는 통설을 크게 수정하고, 권력투쟁 이상의 극좌 이데올로기의 흐름을 강조했다. 2023년 민두기(閔斗基)학술상 수상작이기도 하다.

한림대학교 아시아문화연구소가 기획한 국제회의의 성과인 『중국 문화대혁명 시기 학문과 예술』(태학사, 2007)에는 중국의 저명한 작가이자 문학 연구자인 첸리췬(錢理群)이 기고한 본인이 겪은 문화대혁명에 대한 회상문, 또 작년에 작고한 일본의 대표적인 현대 중국의 지성사 연구자인 사카모토 히

로코(坂元ひろ子)의 사회학자 페이샤오퉁(費孝通)의 쌍백(雙百)과 문화대혁명의 경험 분석이 실려 있다.

문화대혁명을 제대로 이해하기 위해서는 1949년 중화인민공화국의 성립과 문화대혁명 이후 1978년 개혁개방정책으로의 정책 전환을 통사적으로 살펴볼 필요가 있다. 중화인민공화국 시기의 역사까지 포괄한 통사로 추천할 만한 책은 클라우스 뮐한의 『현대 중국의 탄생: 청제국에서 시진핑까지』(윤형진 옮김, 너머북스, 2023)이다. 최근에 출판된 방대한 저작으로 구미학계의 최신 연구를 망라하여 청의 멸망, 중화민국을 거쳐 오늘날 중화인민공화국에 이르기까지를 '현대 중국의 탄생'으로 파악했다. 특히 '제도'의 형성이라는 측면에서 지난 100년의 중국 역사를 유기적으로 통합하고 있으며, 문화대혁명 역시도 그 과정으로 파악하고 있다. 이 책에 관해서는 『역사교육』(167권, 2023)에 실린 역자의 서평을 참조하기 바란다.

클라우스 뮐한이 문화대혁명을 연속적으로 파악하면서도 리처드 크라우스 교수보다는 비판적인 시각을 견지하고 있다면, 프랑크 디쾨터의 연구는 문화대혁명과 중국공산당의 지배를 통렬히 비판하여 리처드 크라우스 교수가 비판한 전형적인 구미의 문화대혁명 사관을 나타낸다고도 할 수 있다. 세계적인 베스트셀러가 된 프랑크 디쾨터의 중화인민공화국사 연구인 인민 3부작은 각각 제1부 『해방의 비극: 중국 혁명의 역사 1945~1957』(고기탁 옮김, 열린책들, 2016), 제2부 『마오의 대기근: 중국 참극의 역사 1958~1962』(최파일 옮김, 열린책들, 2017), 제3부 『문화대혁명: 중국 인민의 역사 1962~1976』(고기탁 옮김, 열린책들, 2017)이 한국어로 번역 출간되었다.

이와 대조적으로 모리스 마이스너(1931~2012)의 『마오의 중국과 그 이후 1, 2』(김수영 옮김, 이산, 2004)는 리처드 크라우스 교수와 마찬가지로 마오쩌둥과 문화대혁명에 대해 긍정과 부정의 양면적 평가를 하면서 혁명운동으로서의 성격 역시 중시하고, 덩샤오핑-개혁개방을 마오쩌둥-문화대혁명과의 단절이라기보다는 연속선상에서 바라보는 점도 유사하다. 아울러 모리스 마이스너와 리처드 크라우스는 중국 혁명의 정신과 자본주의 사이의 첨예한 모순에 주목했다. 프랑크 디쾨터가 1961년생으로 리처드 크라우스 교수와는 세대 차가 난다면 모리스 마이스너는 리처드 크라우스 교수보다 연배가 높고 역시 소장학자 시기에 1960년대의 공민권운동과 베트남 반전운동을 겪은 사람이다.

일본에서 나온 최신의 중국공산당 연구서로 2021년에 중국공산당 창당 100주년에 맞추어 출간된 『중국공산당, 그 백년』(투비북스, 2024년 3월 출판 예정) 역시 일독을 권한다. 교토

대학 교수로 중국공산당 연구의 일인자인 이시카와 요시히로의 이 책은 정치사 연구자의 냉철한 시각으로 중국공산당의 DNA는 코민테른으로부터 이식된 것임을 강조하고 있고, 전제적 통치와 당에 대한 철저한 복종이 실현되는 과정을 생생하게 그리고 있다.

웹사이트

모닝 선: 문화대혁명에 관한 다큐멘터리 영화 및 웹사이트
www.morningsun.org
롱보 그룹(the Long Bow Group)에서 제작한 같은 제목의 다큐멘터리와 관련된 비디오, 사진 및 인터뷰

차이니즈 포스터즈: 선전, 정치, 역사 및 예술
chineseposters.net
스테판 R. 란드베르헤르(Stefan R. Landsberger)와 암스테르담의 국제 사회사 연구소 컬렉션의 소장 포스터

주

1장 도론: 중국의 끝나지 않은 혁명

1 중국어로는 무산계급문화대혁명(無産階級文化大革命)이다. 이하 약칭인 문혁(文革)과 병용한다.

2 리처드 밀하우스 닉슨(Richard Milhous Nixon, 1913~1994)은 미국의 제37대 대통령(재임 1969~1974)으로, 닉슨 독트린을 발표하여 베트남전쟁 등 아시아 문제에서 미국의 거리두기를 표방하였다. 그는 1972년 2월 베이징을 방문하여 미중 데탕트시대를 열었다. 원문에는 1971년으로 잘못 기록되어 있어 1972년으로 수정하였다.

3 1934년부터 장제스를 수반으로 하는 난징국민정부와 국민당이 추진한 국민계몽, 교육운동이다. 중국 국민들에게 예의염치를 가르치고, 청결과 위생적인 생활을 하도록 각종 캠페인을 통해 선전하였다. 침 뱉지 않기, 쓰레기 무단 투기 반대, 파리 잡기 등 다양한 생활운동이 전개되었다. 1949년 국민당이 내전에서 패배하면서 중화민국 정부가 타이완으로 옮겨갈 때까지 공식적으로 유지되었다. 미신 및 도교에 대한 공격은 있었지만 신생활운동에는 5·4운동 시기 부정되었던 유교의 이념적 복권이 나타나며, 장제스·쑹메이링 부부의 종교인 기독교의 영향 역시 엿볼 수 있다. 따라서 저자의 주장과 달리 급진적이기보다는 보수적으로 평가하는 연구가 많다. 다만 생활과 정신 개조의 측면이나 미신 타파 등의 측면에서는 문화대혁명의 급진주의와 통하는 부분도 있다. 우리나라의 1950년대 이승만 정권 시기의 신생활운동, 1970년대 박정희 정권 시기의 새마을운동과 유사성을 찾을 수 있다.

4 '백화제방(百花齊放)', '백가쟁명(百家爭鳴)' 운동 혹은 간단히 쌍백(雙百)운동이라고도 한다. 중국의 과학, 문화, 예술 산업을 발전시키기 위해 1956년 중국공산당이 "예술 공작에 대해서는 백화제방을, 학술 공작에 대해서는 백가쟁명을 주장"하면서 시작되었다.

5 이 책에는 'non-Party'라는 표현이 자주 나오는데, 당원이 아닌 사람을 가리키는 말이 아니라 당원이라도 당내 고위 간부가 아닌 민간(civilian) 활동가를 가리킬 때 주로 쓰고 있다. 이들은 모두 이미 공산당원이었으나 문혁을 통해 당의 조직에서 최고 간부로 승진했다. 따라서 개념 자체가 모호하지만 당의 핵심 조직 밖의 당외(黨外) 인사라는 의미에서 여기에서는 문자 그대로 비당(非黨)으로 번역하였다.

6 '후원연강(後園煉鋼)'으로 불렸으며, 토법고로(土法高爐)운동이라고 한다. 농촌의 마을마다 용광로를 건설해 토착방식으로 제철하여 수년 내에 영국의 철 생산량을 따라잡겠다는 목표였다. 실제로는 목표량 달성에 급급해 식량 생산에 배치

할 농촌 노동력이 낭비되고, 생산된 철은 쓸모없는 수준이어서 결과적으로 식량 생산의 격감과 대기근의 한 원인이 되었다.

7 1955년 마오쩌둥이 처음 제안하여 대약진 기간에 실시된 '4대 해충 퇴치 캠페인(除四害運動)'의 일환으로, 이때 농업생산을 좀먹는 4대 해충으로 처음에는 쥐, 참새, 파리, 모기가 박멸 대상으로 지정되어 전국적으로 참새 개체수가 급감했다. 그 결과 천적이 사라진 농촌에 해충이 급증하고 생태계가 크게 교란되었다. 중국과학원 동물학자들의 호소와 대기근으로 마침내 마오쩌둥의 승인 아래 1960년에는 참새가 제외되고 빈대가 포함되었다. 그러나 이때 정책 변경을 호소했던 과학자들은 문혁 기간 중에 대약진에 반대했다는 혐의로 잔혹하게 박해를 당했다.

8 대약진운동의 여파로 3년간 지속된 기근을 '3년 대기근(三年大饑荒)'이라고 한다.

9 중국어로는 '三年困難時期'라고 한다.

10 사회주의교육운동(社會主義敎育運動)을 말한다. 정치, 경제, 조직, 사상에서 구악을 청산하고 정화한다는 슬로건을 내세웠으므로 '사청운동(四淸運動)'이라고도 불렀다. 1963년부터 1965년 말 혹은 1966년 5월까지 마오쩌둥의 지시로 중국의 3분의 1에 해당하는 농촌지역 및 중소도시에서 수정주의와 반혁명적 요소를 숙정한다는 구호 아래 주로 기층 간부에 대한 비판과 사상 검증으로 전개되었다. 사청운동 과정에서 사망자가 7만 명 이상이라는 추정도 있다.

11 1962년 9월 24일 중국공산당 제8기 중앙위원회 제10차 전체회의(中共八屆十中全會)에서 마오쩌둥이 제기한 "절대로 계급투쟁을 잊어서는 안 된다(千萬不要忘記階級鬪爭)"라는 슬로건이다. 원문은 "所以我们从现在起, 就必须年年讲, 月月讲, 天天讲, 开大会讲, 开党代会讲, 开全会讲, 开一次会就讲"이다.

12 여기서 전 부인은 두번째 부인 허쯔전(賀子珍, 1910~1984, 1928년 결혼)을 가리킨다. 부모 때문에 열세 살 때 결혼식만 올렸던 뤄이슈(羅一秀, 1889~1910, 1907년 결혼) 이외에 마오쩌둥이 정식으로 결혼하여 혼인생활을 영위한 부인은 모두 3명이다. 첫번째 부인 양카이후이(楊開慧, 1901~1930, 1920년 결혼)는 체포되어 처형되었다. 세번째 부인 장칭(1914~1991, 1938년 결혼)은 상하이에서 영화배우로 활동하다가 중일전쟁 발발 후 1938년 옌안으로 가 그곳에서 마오쩌둥을 만나 결혼했다. 당시 허쯔전은 신병 치료를 위해 모스크바에 머물고 있었다.

13 1966년 1월 부대문예공작좌담회(部隊文藝工作座談會)의 결정으로 2월 2일부터 20일까지 상하이에서 열린 10여 편의 영화와 3편의 연극을 본 뒤 비평하는 좌담회를 말한다. 이 회의 후에 공식 문건으로 『(린뱌오 동지가 장칭 동지에게 위탁하여 소집한) 부대문예공작좌담회기요(林彪同志委托江靑同志召開的部隊文藝工作座談會紀要)』가 채택되었는데 약칭 '2월기요(二月紀要)'이다. 마오쩌둥은 직접 3차례 문건을 수정하여 각급에 하달했다. 그 내용은 마오쩌둥사상과 대립하는 반당 반사회주의의 '흑선(黑線, 잘못된 노선)'이 정치를 전단하고 있다는 비판이었다. '2월기요'는 추후 문혁의 전개 과정에서 중요한 지도 문건이 되었다.

14 원문은 'Little Red Book'이다. 작은 빨간 책이란 표현은 마오쩌둥 어록을 가리키는 「소홍서(小紅書, 중국어로는 샤오훙수)」를 영문으로 번역한 것이다. 마오쩌둥 어록은 빨간색 표지의 핸드북 형태로, 현재 중국에서는 보배로운 빨간 책이라는 의미의 '홍보서(紅寶書)'라고 흔히 부른다. 원서에서는 줄곧 'Little Red Book'으로 지칭하고 있으므로 마오쩌둥 어록과 병행하되 '소홍서'로 직역하였다.

15 중국인민해방군 사병으로 1962년 근무중 불의의 사고로 22세의 어린 나이에 순직했다. 랴오닝성 선양 군구 공병대 소속으로 생전에 마오쩌둥사상 학습에 적극적이고 당과 인민을 위해 앞장서는 모범 병사로 군 지도자에게 주목받았다. 사후 사상 학습의 일환으로 전국적인 우상화가 시작되었는데, 1963년 마오쩌둥이 친필로 "레이펑 동지를 보고 배우라(向雷鋒同志學習)"라고 쓴 뒤 칭찬하여 전국적으로 레이펑 학습이 본격화되었다.

16 "공업은 다칭을 배우고, 농업은 다자이를 배우고, 온 나라는 인민해방군을 배우라(工業學大慶, 農業學大寨, 全國學人民解放軍)"라는 마오쩌둥의 지시로 시작되어 1970년대 말까지 전개된 정치운동이다. 다자이는 산시(山西)성 시양현(昔陽縣)의 가난한 촌으로 생산대대로 편성되었는데, 생산대대 당 서기 천융구이(陳永貴)의 지도 아래 1953년부터 집단노동으로 경작지를 넓히고 식량 생산을 제고하여 산시성에서 선전 대상이 되었다. 1963년 산시성의 대홍수를 잘 이겨낸 것을 계기로 집단주의를 통해 자력갱생과 생산 혁신을 이룬 사례로 전국적인 모범으로 격상되었다. 다칭 유전은 1959년에 발견된 헤이룽장성에 위치한 중국의 첫 대규모 유전이다. 다칭 유전 덕분에 중국은 가동 3년 만인 1963년에 석유 자급을 달성할 수 있었다. 불굴의 혁명 정신으로 유전을 찾아내고 착공한 모범 사례로서 1964년부터 공산당 중앙이 전국 각 부문에서 다칭 유전의 경험을 학습하도록 지시함에 따라 다자이와 나란히 산업 분야의 모범으로 부상했다.

17 베트남전쟁의 확대와 미국의 동남해 군사 침공 가능성, 중소 분쟁으로 인한 전쟁의 가능성을 염두에 두고 중국 내지에 국방, 과학기술, 공업, 전력, 교통 등 골간 생산시설을 새롭게 구축하는 프로젝트이다. '삼선(三線)'은 군사적 구획으로 전선을 설정하여 해안부부터 1선, 2선, 3선으로 구획했을 때 해안에서 가장 먼 내지를 뜻한다. 건설지역은 중국 중서부 13개의 성과 자치구를 아울렀으며, 1964년부터 1980년까지 1,000개가 넘는 광공업 기업이 건설되었고, 2,000억 위안 이상의 자금이 투여되어 중국 인프라 건설투자 총액의 약 40퍼센트를 차지했다. 경제적 고려가 아닌 군사적인 자금 투여였으므로 비효율적 투자가 많았고, 개혁개방 이후에는 대량의 기업 도산과 축소를 초래했다.

18 중국에서는 '조반파(造反派)'라고 부른다.

19 앙드레 말로(1901~1976)는 파시즘에 반대하고 각지의 혁명운동을 원조한 진보적 지식인이다. 아시아를 소재로 한 일련의 소설을 발표했으며, 그중에서도 그를 문호의 반열에 오르게 한 1927년 상하이 봉기와 4.12 쿠데타를 다룬 소설 『인간의 조건』(1933년 출간)으로 유명하다. 드골 정권에서 1958년부터 1969년까지 10년 이상 문화부장관을 역임하면서 예술 발전에 기여했다.

20 원문에는 Andrei Kosygin으로 되어 있으나 수정하였다. 알렉세이 코시긴(1904~1980)은 구소련의 공산당 지도자이자 정치인으로 1964년부터 1980년까지 16년간 구소련의 수상을 역임했으며, 외교 및 경제에서 온건하고 실용주의적인 개혁 노선을 추진했다. 1965년부터 중앙 통제를 완화하고 시장과 인센티브를 활용하며 기업의 자율성을 인정하는 등 '코시긴 개혁'을 추진했다. 1969년 베이징을 방문하여 저우언라이와 중국과 구소련의 국경 문제를 상의했다.

21 수영복 입는 것을 가르친다고 수영을 할 수 없는데, 기본인 생활수준을 향상시키는 것으로 공산주의를 달성할 수는 없다는 뜻이다.

22 중국공산당 혁명지도자 중 한 사람으로, 중국 건국 후 문화대혁명 전까지 줄곧 중국공산당 베이징시위원회 제1서기(1955~1966, 1949~1955년까지의 직함은 서기)이자 베이징시 시장(1951~1966)을 역임했다. 1979년 정치적으로 복권되어(중국어로는 핑판平反이라고 한다) 정치 무대에 복귀했으며, 1980년 중국공산당 중앙정법위원회 서기로 장칭 등 4인방의 재판에서 주도적인 역할을 했다. 문화대혁명 때 극좌주의의 비판으로 숙청당했지만 개혁개방 이후 자오쯔양 실각에 앞장섰고, 톈안먼 시위 당시 계엄령 선포와 자오쯔양 숙청을 적극 지지했다.

23 '1월 탈권(一月奪權)'이라고도 한다. '탈권(奪權)'이란 마오쩌둥주의 조반파가 기존 조직의 지도부를 비판하는 데 그치지 않고 권력 자체를 장악한 것을 말한다. 1966년 1월 상하이 〈문회보(文滙報)〉, 〈해방일보(解放日報)〉가 조직 내 조반파에 의해 접수되고, 장춘차오와 야오원위안 등이 중앙문혁소조 조사원 자격으로 상하이에서 왕훙원 등 조반파가 상하이의 공산당 최고기관인 상하이시위원회의 권력을 탈취하도록 지지했다. 중국공산당 상하이시위원회와 상하이 정부 각급 기관의 업무가 중단되었고, 상하이시의 당권(黨權) 및 정권(政權)이 모두 장춘차오, 야오원위안, 왕훙원 등 조반파의 수중에 들어갔다. 베이징의 당 중앙, 국무원, 중앙문혁소조가 '1월 탈권'을 축하하는 축전을 보내고, 〈인민일보(人民日報)〉 및 〈홍기(紅旗)〉 등 당의 주요 언론에서 상하이의 경험을 전국적으로 확대하여 '탈권 투쟁'을 벌이도록 선전하면서 각급의 지방행정 및 주요 단위의 권력 교체의 신호탄이 되었다.

24 '2월 투쟁(二月鬪爭)', '2월 항쟁(二月抗爭)'이라고도 한다. 1967년 2월 저우언라이가 베이징 중난하이에서 주최한 중국공산당 중앙위원회 정치국 회의에서 혁명 원로에 해당하는 탄전린(譚震林), 천이(陳毅), 예젠잉(葉劍英), 쉬샹첸(徐向前), 리셴녠(李先念), 리푸춘(李富春), 녜룽전(聶榮臻) 등 정치국 위원들과 중앙군사위원회 위원들이 문혁과 문혁소조를 비판한 일이다. 그러나 마오쩌둥이 이들을 엄히 질책하면서 결국 정치국이 업무를 중지하고 중앙문혁소조가 그 기능을 하게 되는 계기가 되었다. 그러나 마오쩌둥은 '2월 역류'로 전면적인 공세를 가하려던 문혁파를 저지했으며, 추후 대부분을 중앙위원회로 복귀시켰다. 마오쩌둥은 특히 린뱌오 사건 이후 이들 원로들을 재신임했는데, 이 원로들이 문혁 후기 덩샤오핑의 재기용이나 마오쩌둥 사후 4인방 체포를 가능하게 했다.

25 공식 명칭은 인사당안(人事檔案)으로, 일반적으로 개인당안(個人檔案)이라고도 한다. 구소련에서 처음 시작되었으며 공산당 통치 국가에서 작성하는 개인 기록

이다. 출신 배경, 정치적 견해, 이념적·도덕적 평가 및 관련 인사 정보가 포괄되는데, 그 내용은 국가 기밀이며 관련 개인에게는 공개되지 않는다. 인사당안은 국유 경제체제에서 교육, 고용, 직무 평가, 승진, 증명서 발급 등에 대한 의사 결정에 사용되어 직장(중국에서는 단위, 딴웨이)이 당안을 보관, 관리한다. 동독의 경우 1,700만 명의 인구 중에 정보부가 관리하는 500만 명의 인사 파일이 통일 후 공개되었는데, 중국에서는 실질적으로 농민을 제외한 도시 인구에 적용되었다.

26 계급대오정화운동(淸理階級隊伍運動)은 1968년 5월 당 중앙이 정식으로 제기하고 8월에 마오쩌둥이 재차 문화대혁명의 주요 임무로 '계급 대오의 정화'를 지시함으로써 전국적으로 진행되었다. 중앙 및 고위 당 간부들은 이미 75퍼센트 이상 문화대혁명으로 처벌을 받았으므로, 이제 그 하층인 전국의 중소도시, 농촌지역의 반혁명 분자를 색출하여 계급 대오를 정화해야 한다는 취지였다. "모든 것을 의심하고, 모든 것을 타도하라(懷疑一切, 打倒一切)"라는 슬로건 아래 전국 간부의 17.7퍼센트가 조사를 받았고, 많은 기층 간부와 일반인들이 반혁명 분자로 분류되어 박해를 받았다.

27 상산하향(上山下鄕)운동으로, 농촌으로 파견하는 것을 '하방(下放)'이라고 한다.

28 1968년 5월 8일 마오쩌둥이 '중앙문혁팽두회(中央文革碰頭會)' 멤버들과의 담화에서 언급한 것이다. 원문은 "要相信百分之九十五以上的干部是好的和比较好的, 犯了错误的人大多数是可以改的"이다. '중앙문혁팽두회'의 전신은 '중앙팽두회'이며, '중앙팽두회'의 정식 명칭은 중국공산당 중앙정치국 상무위원회 팽두회로 사실상 중국공산당 중앙정치국 상무위원회 확대회의의 별칭이다. '팽두회'라는 이름은 마오쩌둥이 지었다. 중앙문혁소조를 비판한 문화대혁명에 대한 당내 반발로 일어난 '2월 역류'를 진압한 뒤 문혁파는 중앙정치국 활동을 정지시켰고, 중앙문혁소조가 사실상 중앙정치국을 대신하면서 원래 저우언라이가 주재하던 당, 정치, 군사 합일의 '중앙팽두회'가 '중앙문혁팽두회'로 개명되었다.

29 정식 명칭은 중국공산당 제9차 전국대표대회이다. 1969년 4월 1일부터 24일까지 1,512명의 대표가 출석하여 베이징에서 개최되었다. 약칭이 중공(中共) 당대회(黨大會)인 중국공산당 전국대표대회는 1921년 중국공산당 제1차 전국대표대회가 창당대회로 열린 이래 2022년까지 모두 20차례 개최되었다. 건국 후에는 1956년(제8차), 1969년(제9차), 1973년(제10차)에 개최되었고, 1977년(제11차) 이후 5년에 1회로 정례화되었다. 전국의 중국공산당원을 대표하여 당 장정의 개정, 중앙위원회의 선출, 중앙기율검사위원회의 선출 등 차기 권력을 결정하는 중국공산당의 최고 회의이다. 당대회 때마다 중앙위원회를 선출하므로 제8차 당대회는 제8기 중앙위원회를 선출, 제9차 당대회는 제9기 중앙위원회를 선출하여 당대회와 중앙위원회의 기수가 같다.

30 정식 명칭은 중앙문화혁명소조(中央文化革命小組)이다. 중국공산당 중앙위원회가 1966년 5월에 설립한 기구로, 정치국 상무위원회에 예속되어 문화대혁명을 직접 지휘했다. 마오쩌둥의 제의로 1964년 7월에 문화혁명 5인 소조(文化革命五人小組)가 상설이 아닌 비상기구로 성립되었으나 당시 베이징 시장 펑전(彭眞)이 조장으로 당권파가 주도했다. 1966년 2월 『해서파관』 비판 이후 펑전이 5인 소조

를 소집하여 「2월제강(二月提綱)」을 결의하고 비판 운동을 학술계로 제한하려고 하였으나 마오쩌둥의 비판을 받았고, 1966년 5월 마오쩌둥주의자가 대세를 장악한 당 중앙에서 「5·16통지(通知)」를 발표하여 전면적인 문화대혁명을 선포하면서 문화대혁명이 공식적으로 시작되었다. 이 통지에 근거하여 문화대혁명의 추진 주체로 5월 28일에 중앙문화혁명소조의 설립과 명단이 발표되었다. 조장은 천보다(陳伯達), 고문은 캉성(康生), 타오주(陶鑄, 8월에 추가 임명), 부조장은 장칭(江靑), 왕런중(王任重), 류즈젠(劉志堅), 장춘차오(張春橋), 조원은 셰탕중(謝鏜忠), 인다(尹達), 왕리(王力), 관펑(關鋒), 치번위(戚本禹), 무신(穆欣), 야오원위안(姚文元) 등이다. 1966년 8월 8일 중공 중앙이 「무산계급문화대혁명에 관한 결정(關于無產階級文化大革命的決定)」(약칭 16조)을 통과시키면서 공식적으로 문혁소조는 문화대혁명을 전문적으로 관리하는 권력 기구가 되었다. 조원의 상당수가 문화대혁명 과정에서 타도의 대상이 되어 1969년 4월까지 천보다, 캉성, 장칭, 장춘차오, 야오원위안 등 5명만이 남아 제9차 당대회를 통해 중앙위원회 정치국에 선출되면서 사실상 소조 조직은 해소되었다. 천보다의 숙청(1970)과 문혁파가 몰락하기 전에 사망한 캉성을 제외한 남은 3명이 훗날의 4인방(四人幇)이다. 4인방 중 나머지 한 명은 문화대혁명 당시 상하이 면방직공장의 경비대원이었다가 조반파로 활약하여 1969년 중앙위원으로 진출한 왕훙원이다.

31 중국 지명은 전바오섬(珍寶島)이며, 러시아 지명은 다만스키섬이다. 이 섬의 귀속 문제를 놓고 1969년 3월 중소 간에 발생한 무장 충돌을 전바오섬 사건, 다만스키섬 사건이라고 한다.

32 중국공산당 제9차 전국대표대회(1969년 4월 1일~24일)에서 린뱌오에 대해 "마오쩌둥 동지의 친밀한 전우이며 계승자(毛澤東同志的親密戰友和接班人)"라는 문구가 공산당 당강(黨綱)에 삽입되었다. 상무위원회 주석은 당 서열 1위인 마오쩌둥이므로 부주석은 당 서열 2위를 시사한다.

33 중국 베이징 내 자금성 서쪽에 위치한 중하이(中海)와 남하이(南海) 두 호수를 끼고 있는 지구를 가리킨다. 이 구역에는 국무원, 중국공산당 중앙위원회 서기실, 중국공산당 중앙위원회 총서기 사무실 등 중화인민공화국 당과 국가 지도자들의 사무실, 관저 등이 위치하여 중국공산당과 정부의 최고 권위를 지칭하는 데 자주 사용된다.

34 중국공산당 중앙위원회 정치국 상무위원회는 중국공산당 최고 권위의 상무기관이자 실질적인 정책 결정 기관이다. 200여 명의 위원으로 구성되는 중앙위원회에서 정치국 위원이 25명 내외로 선출되고, 그중에서 다시 약 7~9명의 최고 지도자가 정치국의 상무위원회를 구성한다. 상무위원회에는 당 서열 1위인 중국공산당 총서기를 비롯해 중앙기율검사위원회 서기, 중국공산당 중앙서기처 서기, (대부분 겸직) 공직으로는 국가주석, 국무원 총리, 전국인민대표대회 상임위원회 위원장, 전국정치협상회의 주석, 국무원 부총리 등이 포진해 있다.

35 1974년 1월부터 6월 사이에 진행된 '비림비공(批林批孔)'운동으로, 마오쩌둥의 비준을 얻어 린뱌오와 공자 두 사람을 주제로 전국적으로 벌어진 정치운동이다. 이는 일찍이 마오쩌둥이 공자를 비판하고 진시황과 법가를 옹호하면서 린뱌오를

진시황과 자신의 비판자로 언급했던 것을 정치운동으로 확장한 것이다. 마오쩌둥은 린뱌오 사건을 일반에 공개한 뒤 다음과 같은 발언을 거듭했다. "공자를 존숭하고 법가를 반대하는 것은 국민당 역시 마찬가지이고 린뱌오 또한 그렇다(尊孔反法, 国民党也是一样啊! 林彪也是啊!)"(1973. 7), "진시황은 중국 봉건사회에서 가장 유명한 황제인데 나 역시 진시황이다. 린뱌오는 나를 진시황이라고 욕했다. 중국은 역사적으로 두 파로 나뉘어왔는데, 하나는 진시황을 좋다고 말하는 쪽이고, 다른 하나는 진시황을 나쁘다고 말하는 쪽이다. 나는 진시황에 찬성하지, 공부자(孔夫子, 공자)를 찬성하지 않는다(秦始皇是中国封建社会第一个有名的皇帝, 我也是秦始皇, 林彪骂我是秦始皇. 中国历来分两派, 一派讲秦始皇好, 一派讲秦始皇坏. 我赞成秦始皇, 不赞成孔夫子)"(1973. 9). 4인방은 이 운동에 주공(周公)을 추가하여 공자 비판에 저우언라이를 대입시켜 공격하려고 하였다.

36 저우언라이의 '4대 현대화' 개념은 1954년 9월 제1기 전국인민대표대회 제1차 회의의 정부업무보고에서 제기되었고, 1965년까지 활용되었다. 이후 억눌려 있다가 문화대혁명 말기인 1975년 1월 제4기 전국인민대표대회 제1차 회의의 정부업무보고에서 다시 한번 전면적인 실현이 제안되었다. 이듬해 1월 8일 저우언라이가 사망했으므로 이때가 마지막 '4대 현대화'의 제기이다.

37 문화대혁명 시기에는 중국공산당 중앙위원회 정치국 위원(재임 1969~1977) 및 상하이시 혁명위원회 제1부주임(재임 1967~1976)을 지냈다.

38 장춘차오는 문화대혁명 당시 지방행정기구인 상하이시 혁명위원회 주임(재임 1967~1977)이자 국무원 부총리(재임 1975~1977)를 지냈다.

39 중국공산당 중앙위원회 부주석(재임 1973~1977)을 말한다.

2장 '정치가 총지휘'

1 이와 상대되는 개념은 '홍오류(紅五類)'로 혁명군, 혁명 간부, 노동자, 빈농과 고농(雇農), 하중농(下中農) 등을 지칭한다.

2 중국소년선봉대(中國少年先鋒隊)로 약칭은 소선대(少先隊)라고 한다. 중국공산당의 대중 아동조직으로 가입 연령은 6세에서 14세 사이이며, 보통 초등학생들이 가입할 수 있다. 2022년 소년선봉대원의 숫자는 약 1억 1,400여 명 정도이다.

3 중국공산주의청년단(中國共産主義靑年團)으로 약칭은 공청단(共靑團)이다. 중국공산당이 지도하는 청년 대중조직으로 가입 연령은 14세에서 28세 사이이다. 공청단이 중국소년선봉대를 지도하고 감독한다. 2022년 공청단 단원은 7,300만 명이 넘는다.

4 린리궈(林立果, 1945~1971)는 린뱌오의 아들로 중국인민해방군 공군 작전부 부부장이었다.

5 린리헝(林立衡, 1944~)은 린뱌오의 딸로 당시 공군 잡지사 〈공군보(空軍報)〉의 부편집인이었으며, 가족의 탈출 계획을 알고 당 중앙에 고발했다. 그러나 사건 발생 후 체포되어 장기간 심문을 받았다. 마오쩌둥의 지시로 석방되었고 후에 중국사회과학원 근대사연구소에서 근무했다.

6 공식 명칭은 '케네디 대통령 암살에 관한 대통령 직속위원회(The President's Commission on the Assassination of President Kennedy)'이다. 위원장인 얼 워런(Earl Warren)의 이름을 따서 비공식적으로 워런위원회로 불렸다. 1963년 11월 22일에 발생한 존 F. 케네디 대통령 암살 사건을 조사하기 위해 11월 29일에 설립되었다. 1964년 9월 24일에 888쪽에 달하는 최종 보고서를 존슨 대통령에게 제출하고 3일 뒤인 27일에 공개되었으나 암살범 개인의 단독 범행으로 결론을 내려 의문을 해소하기는커녕 의혹과 논란을 불러일으켰다.

7 톈한(田漢, 1898~1968)은 극작가이자 작곡가이며 영화 각본가로 1920년대 좌파 작가 조직인 창조사(創造社)의 일원이었다. 1934년에 〈반만항일의용군진행곡(反滿抗日義勇軍進行曲)〉의 가사를 지었는데 이 노래가 1935년 영화 〈풍운아녀(風雲兒女)〉의 주제곡으로 사용되어 유명해졌고, 중일전쟁 기간에 대표적인 항일 노래로 인기를 얻었다. 후에 〈의용군 행진곡(義勇軍進行曲)〉으로 이름을 바꾸어 중화인민공화국의 국가가 되었다. 톈한은 1966년 문화대혁명 기간중에 자신의 연극작품이 반당, 반사회주의적이라고 비판을 받았다. 1968년 감금생활중에 가혹 행위와 지병으로 사망했다.

8 원문은 "东方红, 太阳升, 中国出了个毛泽东. 他为人民谋幸福, 他是人民的大救星"이다.

9 취추바이(瞿秋白, 1899~1935)는 중국의 문필가, 작가, 시인, 혁명가이다. 공산주의운동에 참여하여 두 차례 중국공산당의 최고 지도자(1927년 8월~1928년 7월, 1930년 9월~1931년 1월)가 되었다. 1935년에 체포되어 난징 국민당 정부로부터의 전향 회유를 거부하고 처형당했다.

10 중국어 원문은 "从来就没有什么救世主, 也不靠神仙皇帝! 要创造人类的幸福, 全靠我们自己!"이다. 참고로 한국어판 가사는 "어떠한 높으신 양반 고귀한 이념도 / 허공에 매인 십자가도 우리를 구원 못 하네. 우리 것을 되찾는 것은 강철 같은 우리 손/ 노예의 쇠사슬을 끊어내고 해방으로 나가자"이다.

11 문화대혁명 시기 광장이나 시위 행렬에서 마오쩌둥 어록을 가사로 만든 노래에 맞추어 추던 춤을 말한다.

12 과거 영화관에서 본 영화를 상영하기 전에 보여주던 프로파간다 성격의 뉴스 필름이다.

13 따라서 문화대혁명 당시 10대였던 홍위병들은 중화인민공화국 건국 전후 출생한 베이비붐 세대로, 2023년 기준으로 70대 전후가 된다.

14 중국에서는 여행과 이동이 자유롭지 못했으므로 당의 승인을 받아야만 가능했다.

15 공청단은 사회주의청년단(1922), 공산주의청년단(1927), 신민주주의청년단(1949)에서 다시 공산주의청년단(1964)으로 여러 차례 이름이 바뀌었다. 1964년 공청단 제9차 전국대표대회가 열렸으나 문화대혁명중에 맥이 끊겼다가 1978년에야 제10차 전국대표대회가 열렸다.

16 원문은 "온몸이 베이는 것을 아쉬워하지 않는다면 감히 황제를 말에서 끌어내릴 수 있다(舍得一身剐, 敢把皇帝拉下马)"이다. 죽을 각오로 투쟁한다는 뜻이다.

17 가혹 행위를 동반한 이러한 공개적 대중 비판대회를 '비투(批鬪)'라고 한다. 비판투쟁의 방식인 '비투'와 대조적으로 실제로 무력을 대거 동원해 파벌투쟁을 벌이는 것을 '무투(武鬪)'라고 한다.

18 라오서(老舍, 1899~1966)는 중국을 대표하는 현대 소설가이자 희극작가로, 중국작가협회 부주석을 지냈다. 문화대혁명 발발 후 홍위병들에게 끌려가 비판투쟁에서 심한 모욕과 구타를 당한 뒤 다음날 베이징 시내의 호수인 타이핑후(太平湖)에 몸을 던져 자살했다. 대표작으로 『낙타상자(駱駝祥子)』, 『차관(茶館』, 『사세동당(四世同堂)』 등이 있다.

19 보이보(薄一波, 1908~2007)는 중국 혁명의 원로이자 중국공산당 지도자로 건국 초기부터 경제와 공업 건설 분야에서 활약했다. 문화대혁명 시기 고초를 겪었으나 개혁개방 이후 덩샤오핑 체제에서 원로로 강력한 권한을 가졌고, 톈안먼 사건 당시 무력 진압을 지지했다. 그와 문화대혁명 당시 자살한 아내 후밍(胡明)의 차남이 시진핑의 경쟁자로 2012년 실각한 보시라이(薄熙来. 1949~)이다.

20 정식 명칭은 수도 홍위병 연합행동위원회(首都紅衛兵聯合行動委員會)이며, '연동(聯動)'으로 약칭되었다.

21 비정규 노동자에 대한 처우 개선, 임금투쟁 등은 '경제주의'로 탄압받았다.

22 중국어판 제목의 원문은 『基督山恩仇記』이다.

23 마오위안신(毛遠新, 1941~)은 마오쩌둥의 조카로, 문화대혁명 시기의 중요한 정치가이다. 마오쩌둥의 깊은 신임을 얻어 문화대혁명 시기 마오쩌둥의 지시를 외부에 전달하는 역할을 자주 맡았다. 마오쩌둥이 사망한 후 4인방과 함께 처벌되어 17년형을 선도받고 1993년까지 복역했다.

3장 문화: '낡은 것을 타파하고 새로운 것을 세우다(破舊立新)'

1 원문은 'Ministry of Dead Mummies'이며, 이에 준하여 번역했다. 마오쩌둥의 원래 발언은 1963년 말 문예 부문에 봉건적이며 왕후장상(帝王將相), 재자가인(才

子佳人)에 관한 작품이 너무 많다며 문화부는 이대로라면 이름을 '제왕장상부(帝王將相部)', '재자가인부(才子佳人部)', '외국사인부(外國死人部)'로 바꾸어야 한다는 것이었다. 이로 촉발된 문예 부문 비판을 중국공산당에서는 "이데올로기 부문의 과열된 비판[意识形态领域里的过火批判](1963년 11월~1965년)"으로 소개하고 있다(『中國共産黨歷史系列辭典』, 中共黨史出版社, 2019; 중국 포털 Baidu 내의 黨史百科 재인용).

2 치번위(戚本禹, 1931~2016)는 베이징의 중국공산당 간부이자 역사 연구가로 잡지 〈홍기(紅旗)〉의 부총편집 등을 역임하면서 마오쩌둥주의자 진영에서 활약했다. 문화대혁명 초기에는 중앙문화혁명소조의 일원으로 참여했으나 1967년 7월 후베이성 우한 조반파들이 베이징 중앙문혁소조에서 파견한 왕리(王力)를 억류하는 '7·20 사건'이 터졌을 때 왕리, 관펑(關鋒)과 함께 비판받아 투옥되면서 실각했다.

3 『두소릉집』은 당나라 시인 두보(杜甫)의 시선이며, 『소명문선』은 중국 남조 양나라의 소명태자가 편찬한 문집이다. 『옥대신영』은 중국 육조시대의 시 선집이며, 『동파악부』는 송나라의 문인 소식(蘇軾), 즉 소동파(蘇東坡)의 문집이다.

4 원문은 'Master'인데, 사부(師傅)를 번역한 것이다. 중국에서는 학문, 기예, 일터에서의 스승, 사범, 상급 숙련공 등을 존대하여 일컫는 호칭이다.

5 천윈(陳雲, 1905~1995)은 중국 혁명의 초기 지도자이자 중국공산당의 원로이다. 국무원 부총리를 역임했으며 경제 관료로 활약했고, 문화대혁명 시기에는 탄압을 받았으나 린뱌오가 사망한 이후 정계에 복귀하여 개혁개방 시기까지 원로로 영향력을 발휘했다.

6 핑탄(評彈) 혹은 쑤저우 핑탄(蘇州評彈)은 현악기를 연주하며 이야기를 쑤저우 방언으로 해설하면서 노래하는 예술 형식이다. 강남지역에서 유행했다.

7 1966년 광둥성 혁명위원회에서 '광둥성 최대의 주자파 당권파[廣東省最大的走資本主義道路當權派]'로 지목한 왕광(王匡)을 지칭하는 것으로 보인다. 왕광은 당시 중남국(中南局) 선전부 부장이었다.

8 인청쭝(殷承宗, 1914~)은 푸젠성 샤먼 출신의 피아니스트로 1968년 모범극 〈홍등기〉의 창작과 공연에서 피아노 반주를 하였고, 이후 8개의 모범극에 이름을 올려 문화대혁명 기간에 노동자, 농민, 병사를 위한 예술의 모범으로 칭송받았다. 문화대혁명 기간에 그의 원래 이름인 '인청쭝'과 비슷하지만 문혁사상에 부합하는 글자인 '인청충(殷誠忠)'으로 개명했다. 문화대혁명이 끝난 뒤 미국으로 이주하여 음악 활동을 이어갔다.

9 원문의 'the model theatrical works'는 '혁명적 모범 희극(革命樣板戲)', '8개 모범 희극(八個樣板戲)'을 가리키는데, 보통 '양반시(樣板戲, yangban xi)'로 불린다. 중앙문혁소조가 이 모범극 사업을 직접 책임졌다. 1967년 마오쩌둥의 「옌안문예좌담회에서의 강화」 발표 25주년을 맞아 8편의 모범극이 베이징에서 공연되

었다. 8편의 모범극/양반시는 경극(京劇) 〈지취위호산(智取威虎山)〉, 〈해항(海港)〉, 〈홍등기(紅燈記)〉, 〈사자방(沙家浜)〉, 〈기습백호단(奇襲白虎團)〉, 발레극 〈홍색낭자군(紅色娘子軍)〉, 〈백모녀(白毛女)〉, 교향음악 〈사자방(沙家浜)〉 등이다. 1976년 말까지 모범극/양반시로 인정받은 작품은 대략 26편이었다.

10 노먼 베순(Norman Bethune, 1890~1939)은 캐나다 출신의 외과의사이자 캐나다 공산당원이었다. 그는 반파시즘 전선에서 스페인 내전에 의사로 참여해 종군했고, 중일전쟁 당시에는 옌안에서 중국공산당 팔로군을 위해 의술을 펼쳤으나 수술 중 실수로 손가락을 베어 감염되어 사망했다.

11 코미디언 버드 애벗(Bud Abbott)과 루 코스텔로(Lou Costello)가 결성한 코미디 듀오로 1940년대와 1950년대 라디오, 영화, 텔레비전에서 활약했다. 영화에는 1940년에 데뷔했는데, 제2차세계대전 동안 이들의 코미디 영화는 최전성기를 누렸다.

12 하오란(浩然, 1932~2008)은 농민 출신의 저명한 소설가로 본명은 량진광(梁金廣)이다. 대표 저작으로 문화대혁명 시기에 발표한 장편소설 『화창한 봄날(艶陽天)』, 『황금의 길(金光大道)』 등이 있다.

13 원문은 "在所有人物中突出正面人物来; 在正面人物中突出主要英雄人物来; 在主要英雄人物中突出最主要的即中心人物来"이다.

14 원문은 'Chen Minyuan'이나 Chen Mingyuan의 오타로 보인다.

15 궈모뤄(郭沫若, 1892~1978)는 중국의 대표적인 좌파 문학가, 역사학자, 고문학자, 고고학자이다. 청나라 말, 중화민국 시기, 중화인민공화국 시기를 거쳐 지식계를 주도한 저명한 인물로 갑골문 연구를 비롯해 탁월한 학문적 업적과는 별개로 행적에 논란이 적지 않다. 중화인민공화국 건국 후 초대 중국과학원 원장, 중국문화예술계연합회 초대 원장을 역임했다. 마오쩌둥의 존경을 받아 반우파투쟁과 문화대혁명 시기 극좌파와 홍위병의 비판을 상대적으로 피해간 반면, 같은 지식인 그룹에 대한 좌파적 비판에 적극적이었던 점 때문에 평가가 나뉜다.

4장 '자력갱생'의 경제

1 정식 구호는 "힘들었던 때를 기억하고 지금 행복함을 알자[憶苦思甜]"이다. 1950년대에서 1960년대 및 문화대혁명 시기 일반인을 대상으로 한 캠페인이었다. 중일전쟁 당시 일본 점령구와 국민당 통치 시기 '구사회'의 어려움을 기억하여 공산당이 영도하는 '신사회'의 고마움을 느끼게 하는 군중 캠페인으로, 당시의 조악한 식사[憶苦飯]를 먹고 체험하는 활동 등이 포함되었다.

2 마오쩌둥과 문혁파가 비판하는 문화대혁명 이전 류사오치 등이 이끈 건국 후 17년 동안의 체제를 '십칠년체제(十七年體制)'라고 부른다.

3 천융구이(陳永貴, 1915~1986)는 중국 산시성 다자이 출신의 농민이자 농촌 간부였다. 그는 다자이 생산대대의 당 서기로 지역개발과 생산 혁신을 이끌었다. 반문맹이었던 그는 다자이 생산대대가 모범촌으로 마오쩌둥과 당 중앙의 찬사를 받고 전국적으로 유명세를 타면서 중앙 정계에 진출해 공산당 중앙위원회 정치국 위원, 중화인민공화국 국무원 부총리의 자리까지 올랐다. 그러나 1980년 중앙 관직에서 배제되었다. 무리한 경작지 개간으로 다수의 농민들이 사망했고, 생산량의 허위 보도가 있었음이 드러났지만 다자이는 지금도 주요 혁명 관광지로 유명하다.

4 왕진시(王進喜, 1923~1970)는 오랫동안 유전 노동자로 일했고, 1950년 시험에 합격하여 중화인민공화국의 굴착 노동자 제1세대가 되어 유전 굴착 현장의 감독관과 대장 등을 역임했다. 1958년 대원을 이끌고 굴착 깊이로 중국 신기록을 세웠다. 1959년에는 국가 모범 노동자로 선정되어 건국 10주년 기념식에서 마오쩌둥을 접견하기도 했다. 1960년에는 다칭 유전 개발에 참가해 굴착기술을 교육하는 한편 굴착과 시추 현장에 직접 참여했다. 원문은 Wang Jingxi이나 Wang Jinxi의 오류로 보인다.

5 '5·7간교(五七幹校)'로 약칭한다. 마오쩌둥은 1966년 5월 7일 린뱌오에게 쓴 편지(훗날 '5월 7일 지시'로 불림)에서 간부의 노동 개조와 재교육의 필요성을 지적했는데, 문화대혁명 기간에 이 지시를 이행한다는 명목으로 당과 정부기관, 교육, 과학 및 문학 연구기관의 간부들을 노동 개조를 통해 정신적으로 재교육하는 농장이 전국 벽지 곳곳에 세워졌다. 1968년 5월 헤이룽장성을 시작으로 전국 각지에 100개 이상의 5·7간부학교가 설립되었으나 문화대혁명이 종료된 1979년에 공식적으로 문을 닫았다.

6 대약진 시기부터 농촌은 생산의 작업 단위이자 기층 행정 편성 단위로 생산대, 그 상위에 생산대대, 다시 그 위에 인민공사로 편제되었다. 생산대는 처음 성립한 1950년대 후반은 전통시대의 '갑(甲)' 규모로 10호가량이었으나 1970년대에는 평균 20가구 내외였고, 인민공사가 해체되기 전의 1980년대 초반에는 보통 25~30호의 규모였다. 인구는 평균적으로 100명 내외였다. 생산대대는 인구 2,000명이 넘는 곳도 있었으나 지역에 따라 수백 명에 불과한 곳도 있었다.

7 상산하향운동(上山下鄕運動) 또는 '지청하향(知靑下鄕)', '하방삽대(下放揷隊)'라고도 부른다. '지청하향'은 지식 청년이 농촌으로 내려간다는 뜻이고, '하방삽대'는 시골로 내려가서 생산대에 편입한다는 뜻이다. 1955년부터 베이징 공산주의청년단에 속한 젊은이들이 변경지대로 내려가 황무지를 개간하며 건설에 앞장서는 정치운동이 있었지만, 본격적으로는 문화대혁명 때 대규모로 도시에서 교육받은 청년들이 변경지대와 농촌지대로 보내졌다. 1950년대 중반부터 1970년대 말까지 약 25년 동안 농촌에 하방된 지식 청년의 수는 2,000만 명을 헤아린다. 1978년에 이 운동은 공식적으로 종료되었고, 1979년 말 대부분의 지식 청년들은 도시로 돌아왔다.

8 맨발의 의사(赤脚醫生). 정식 의료 교육을 받지는 않았지만, 농촌 호구 중에서 농사와 의료를 겸하는 현지 의료 인력을 말한다. 1968년부터 '맨발의 의사'라는 용

어가 쓰이기 시작했고, 단기 연수를 통해 양성되었다.

9 대학이 추천제로 학생을 모집한 1970년에서 1976년까지 입학한 학생들을 '공농병대학생' 혹은 '공농병학원'이라고 부른다. 같은 기간 약 94만 명이 이 제도로 대학에 입학했다. '공농병'은 입학에 우대를 받았던 노동자, 농민, 인민해방군 병사를 의미한다.

10 "곡물 증산을 핵심으로 삼다[以糧爲綱]"라는 슬로건은 식량 증산을 경제 시책의 중심에 둔다는 의미이다. 마오쩌둥이 "곡물 증산을 핵심으로 전면적으로 발전하다[以糧爲綱, 全面發展]"를 슬로건으로 제기한 농업생산 지도의 기본 방침이다.

5장 "우리는 전 세계에 친구가 있다": 문화대혁명의 전 지구적 맥락

1 마오쩌둥이 팔로군 정치부와 위생부에서 1940년에 출판할 『노먼 베순 기념집(諾爾曼白求恩紀念册)』을 위해 1939년 12월 21일에 작성했다.

2 로버트 윌리엄스 부부는 조작되었다고 알려진 한 백인 부부를 납치한 혐의를 받고 1961년 쿠바로 망명했다. 1965년부터 중국에 정착해 마오쩌둥을 비롯해 중국 정부의 환대를 받았다. 1969년 말 미국으로 귀국해 체포된 후 1975년 재판에서 무죄를 선고받았다.

3 흑표당 또는 흑표 자위당(The Black Panther Party for Self-Defense, BPP)은 1966년 휴이 뉴턴(Huey P. Newton)과 보비 실(Bobby Seale) 등이 미국 오클랜드에서 설립한 마르크스-레닌주의를 표방한 혁명적 사회주의 무장단체이다. 경찰 폭력으로부터 아프리카계 미국인들을 지키겠다는 기치를 내걸고 흑인 민족주의, 사회주의, 특히 경찰의 폭력에 대항하는 무장 자위를 이념으로 삼았다.

4 혁명은 자본가의 세력이 강한 고도로 발전한 자본주의국가보다 민족 모순이 얽혀 있고 자본가의 힘이 아직 약한 식민지 등 '자본주의의 약한 고리'에서 먼저 성공할 수 있으며, 이를 공략해야 한다는 블라디미르 레닌의 이론이다.

5 원래 명칭은 The Communist Party of Australia(Marxist-Leninist)이며, 약칭은 CPA(ML)이다. 1964년에 오스트레일리아공산당 멤버들 일부가 친소적인 지도부를 수정주의로 비판하면서 따로 독립해 세웠다.

6 에드워드 파울러 힐(Edward Fowler Hill, 1915~1988)은 오스트레일리아의 변호사, 공산주의 운동가이다. 1964년부터 1986년까지 오스트레일리아공산당(CPA)의 의장이었다. 그는 중소분쟁에서 중국을 지지하고, 마오쩌둥이 사망할 때까지 중국공산당의 노선을 지지했다. 덩샤오핑이 부상한 이후 중국공산당에 대한 지지를 철회했다.

7 장제스는 외몽골의 독립을 인정하는 대신 중화민국을 유일한 중국의 합법 정부로 인정하는 중소우호동맹조약을 구소련과 체결했다. 그러나 내전에서 패하고 타이완으로 도주한 후 구소련을 위약 혐의로 국제연합에 제소하고(1953), 이후 외몽골에 대한 영유권을 재차 주장해 몽골인민공화국의 유엔 가입에 줄곧 거부권을 행사했다.

8 중국이 타이완 수복을 구호로 진먼(金門)에 집중 포격을 가한 제1차 타이완해협 위기(1954~1955), 제2차 타이완해협 위기(1958)가 대표적이다.

9 한수인(韓素音, 1916~2012)은 우리나라에서도 유명한 영화 〈모정(Love Is a Many-Splendored Thing)〉(1955)의 원작이 된 자전적 소설의 작가이다. 본명은 로잘리 초우(周光瑚, Rosalie Matilda Chou)이며, 후에 로잘리 초우(Rosalie Elisabeth Kuanghu Chow)로 개명했다. 옌징대학과 런던대학에서 의학을 공부한 의사이자 작가로, 영국 국적을 취득하고 홍콩, 싱가포르, 런던, 스위스 등지에서 살았다. 문화대혁명 시기 마오쩌둥, 저우언라이, 중국 혁명 등에 관한 많은 글을 영문으로 발표했다.

10 책 제목은 『Comrade Chiang Ch'ing』(Boston: Little, Brown and Company, 1977, London: Weidenfeld & Nicolson, 1977)이다. 그녀는 중국 정치학자로 유명한 콜롬비아대학의 정치학과 교수 앤드루 네이선(Andrew J. Nathan)과 결혼했다.

11 1945년 일본에 대한 승리, 1949년 사회주의국가 수립 이후의 계급 해방을 지칭한다.

12 원문은 다음과 같다. "一旦时机成熟, 他们就会要夺取政权, 由无产阶级专政变为资产阶级专政. 这些人物, 有些已被我们识破了, 有些则还没有被识破, 有些正在受到我们信用, 被培养为我们的接班人, 例如赫鲁晓夫那样的人物, 他们现在正睡在我们的身旁"(1966년 「5·16 통지」).

6장 문화대혁명 이해하기

1 원문은 다음과 같다. "另一件事你们都知道, 就是发动"文化大革命", 这事拥护的人不多, 反对的人不少. 这两件事没有完, 这笔遗产得交给下一代, 怎么交？和平交不成就动荡中交, 搞不好就得血雨腥风了, 你们怎么办, 只有天知道"(1976년 6월 15일).

2 원문은 "打开窗户, 苍蝇也会飞进来"로, 창문을 열면 신선한 공기가 들어오지만 파리 역시 날아 들어온다는 뜻이다.

3 『건국 이래 당의 약간의 역사 문제에 관한 결의(關于建國以來黨的若干歷史問題的決議)』를 말한다. 중국공산당의 역사 결의는 1945년, 1981년, 2021년 모두 3차례 있었다.

4 원문은 "1966年5月至1976年10月的'文化大革命', 使党, 国家和人民遭到建国以来最严重的挫折和损失. 这'文化大革命'是毛泽东发动和领导的"이다.

5 원문은 "实践证明, "文化大革命"不是也不可能是任何意义上的革命或社会进步. 它根本不是"乱了敌人"而只是乱了自己"이다.

6 문화대혁명 시기 대민주(大民主)의 4개 권리 혹은 4대(四大) 자유로 규정된 것으로, 자유롭게 말할 수 있는 권리(大鳴), 자신의 견해를 발표할 수 있는 권리 또는 다른 사람과 단결할 수 있는 권리(大放 또는 大串聯), 대자보를 쓸 수 있는 권리(大字報), 그리고 논쟁할 수 있는 권리(大辯論)를 말한다.

7 구소련의 작가 니콜라이 오스트롭스키의 자전적 소설로 1936년에 공식 출판되어 세계적인 베스트셀러가 되었다. 공산권에서는 교과서처럼 인기를 끌었고, 1980년대 우리나라의 학생운동에서도 필독서였다. 사회주의 리얼리즘 소설의 대표작으로 러시아혁명에서부터 레닌시대와 그 이후까지 다루고 있다. 영문판 제목은 'How the Steel Was Tempered'이며, 중문판 제목은 '钢铁是怎样炼成的'으로 1961년 인민문학출판사에서 출간되었다.

8 샌드위치 가게 이름은 중화인민공화국의 영문명(the People's Republic of China)에서 따온 것이다. 사회주의운동에서 노동자(망치)와 농민(낫) 등 노동계급의 단결을 상징하는 망치와 낫(Hammer and sickle) 도안에서 망치 부분이 샌드위치로 표현되었다.

9 존 브라운(John Brown, 1800~1859)은 미국의 노예제도 폐지 운동가이다. 급진적인 노예제도 폐지론과 캔자스에서의 투쟁으로 전국적으로 명성을 얻었지만 결국 미국 남북전쟁을 앞두고 노예 반란을 선동한 혐의로 체포되어 처형당했다.

10 아이웨이웨이(艾未未, 1957~)는 건축, 예술, 영화 및 사회문화평론가이다. 정치적으로 자유주의적 경향이 강해서 중국 정부와 자주 마찰을 빚었다. 2011년 4월 3일 경제 범죄 혐의로 베이징 서우두 국제공항에서 연행되어 81일 동안 비밀리에 구금되어 경찰 조사를 받았다.

11 아이칭(艾青, 1910~1996)은 중국의 대표적인 현대시 작가이다. 프랑스에서 유학했으며, 1930년대에는 루쉰과 더불어 대표적인 좌파 작가로 국민당 정부에 체포되기도 했다. 중일전쟁중에는 공산당을 지지해 옌안에서 지냈다. 그러나 반우파투쟁 때 우파로 공격을 받아 1958년 당적을 박탈당하고 헤이룽장성, 신장 등지로 추방당했다. 문화대혁명 시기에 고초를 겪었고, 4인방 타도 이후 1979년에 평반(平反)되어 명예와 정치적 권리를 회복했다.

12 1986년에 바진(巴金)은 「문혁박물관(文革博物館)」이란 문장을 홍콩 신문 〈대공보(大公報)〉의 부간(副刊)인 '대공원(大公園)'에 게재하여 박물관 설립을 제안했었다.

13 본문 95쪽과 204쪽에 나오는 유화의 원문 제목은 각각 'Chairman Mao at Anyuan'

과 'Chairman Mao on His Way to Anyuan'으로 유사한데, 둘 다 같은 그림으로 동일하게 번역했다.

14 2022년에 이 소설을 원작으로 각색한 동명의 영화가 우리나라에서 제작, 공개되었다.

15 원문은 2010년이나 실제로 사건이 발생한 연도는 2009년이다. 린강(林鋼) 사건은 2009년 8월 11일 중국 허난성 푸양시 소재의 철강회사인 린저우강철(林州鋼鐵)에서 국유기업의 구조조정에 반대해 발생한 대규모 노동자 집단 시위를 말한다. 한때 3,000명 이상의 직원들이 사옥을 포위하고 고위직 일부를 감금했다.

16 부기맨은 아이들을 겁주는 귀신을 말한다.

17 중국 내전(1946~1949) 시기 마오쩌둥의 전략은 농촌으로 도시를 포위하라는 것이었다. 공산당은 광대한 농촌지역을 공략해 성장했는데, 내전 최종 결전에서는 '면'인 농촌에서부터 '점'처럼 산개한 도시 주둔의 국민당군을 포위, 고립시켜 도시까지 함락하고 최종 승리를 거둔다는 전략이었다. 이를 인용해 농촌과 소도시에서 먼저 시장을 장악한 뒤 대도시의 주요 시장을 포위해 차지하라고 설명하고 있다.

18 존 에드거 후버(John Edgar Hoover, 1895~1972)는 미국연방수사국(FBI)의 초대 국장으로, 1924년 FBI의 전신인 수사국의 국장에 임명되었다. 1935년 FBI를 설립하는 데 중요한 역할을 했으며, 사망할 때까지 약 37년 동안 국장직을 유지했다. 말년과 사후에 권력 남용의 증거가 밝혀지기 시작하면서 논란의 인물이 되었다. 미국 워싱턴 D.C. 소재의 FBI 본부 건물은 1975년에 완공되었는데, 완공되기 전인 1972년에 대통령이 서명한 법안으로 전 FBI 국장 존 에드거 후버의 이름을 따서 존 에드거 후버 빌딩으로 명명되었다.

역자 후기

옥스퍼드대학 출판사에서 나오는 'A Very Short Introduction' 시리즈를 처음 접한 것은 우연히도 영국의 옥스퍼드대학 앞에 있는 블랙웰(Blackwell) 서점 2층에서였다. 런던에서 사료 조사를 하던 중 공문서관이 문을 닫는 휴일을 이용해 떠난 여행이었다. 워낙 유명한 대학에 또 유명한 서점에 왔으니 책 구경이나 하고자 하여 방문했다가 구석에 진열되어 있는 이 시리즈를 발견하고 그 자리에 서서 읽다가 이 시리즈에 반하고 말았다. 몇 권 구입한 것 중에 로버트 앨런(Robert C. Allen)의 『세계경제사(Global Economic History)』가 제일 재미있어 "이 책은 다들 읽어야 해"라며 번역 욕구가 샘솟던 차에 다행히 교유서가에서 번역서가 출간되었다. 그후에도 해외 서점에는 늘 이 시리즈의 진열대가 따로 마련되어 있어서 틈틈이 신간을 확인하곤 했었다.

그런 신간 중에 오리건대학의 리처드 크라우스 교수의 이 책이 있었다. 리처드 크라우스 교수는 정치학자라 역사학자인 역자는 잘 알지 못하던 분이었으나(역자가 학부와 대학원에서 공부할 때만 하더라도 중국사의 연구 범위는 중화민국 시기가 최하한으로 중화인민공화국은 동시대로 취급되어 사회과학의 연구 범위였다), 후에 찾아보니 중화인민공화국 시기의 계급투쟁과 예술에 관해 여러 권의 책을 출간한 석학이셨다.

하버드대학과 예일대학 등 미국 아이비리그 대학의 중국학 연구자들이 실증적·학술적 경향이 강한 것과 대조적으로 이 책은 드물게 신좌파(New Left)의 정치적 입장을 명백히 하고 있으며 행동주의적이다. 문장 역시 문학적인 동시에 선동적이다. 1944년생인 저자는 1960년대 공민권운동과 베트남 반전운동 때 청춘을 보냈을 터인데, 책 전체에서 그 영향을 읽을 수 있다. 그런 점에서 오늘날 구미학계의 문화대혁명에 대한 일반적인 평가와 통념, 즉 마오쩌둥주의와 홍위병의 파괴와 광기, 권력투쟁으로서의 성격을 강조하고 중국은 개혁개방으로 문화대혁명과 단절하면서 올바른 길로 나아갔다는 인식과는 차별된다. 저자는 권력을 추구하는 인간 군상들, 속물적 상승 욕구, 우스꽝스러운 혁명 의례와 교조를 신랄하게 묘사하면서도 문화대혁명을 긴 호흡의 중국 혁명 속에 위치시킨다. 개혁개방과는 단절이 아닌 계승의 관계를 강조한다. 또한 저자의 연구 분야를 살려 문화대혁명 시기의 예술과 표기(標記), 미학에 관한 서술이 정교하고 상세하다. 세계와의 동시성을 강조하므로 미국과 서방 진영의 문화대혁명 인식, 동시대의 미국 사회에 관한 분석과 일화가 풍부한 것 역시 독자들에게는 매력적으로 다가올 것이다. 모쪼록 독자들에게 흥미로운 독서 경험이 되길 진심으로 기대한다.

어쩌다보니 이 책의 기대에 찬 중국관과는 상당히 다른 두 책을 거의 비슷한 시기에 번역하여 출간하게 되었다. 하나는 이미 공간(公刊)된 『중국사 어떻게 읽을 것인가』(오카모토 다카시, 투비북스)이고, 다른 한 책은 아마 이 책인 『문화대혁명』과 비슷한 시기에 출간될 『중국공산당, 그 100년』(이시카와 요시히로, 투비북스)이다. 실제로 책을 접한 때나 번역 작업을 한 것은 시기적으로 달랐으나 판권과 코로나 팬데믹의 영향 등이 겹치면서 공교롭게 출간이 겹치게 되었다. 결과적으로는 중국을 바라보는 서로 다르고 충돌하는 시선을 다양하게 독자들에게 소개하고 싶다는 평소의 바람이 이루어진 듯도 싶다. 오늘날 중국공산당과 그 역사를 바라보는 시선과 농도는 극단적으로 다르다. 하지만 합치된 의견은 좋든 싫든 앞으로의 세계 향방을 점치려면 중국을 알아야 한다는 점이다. 중국을 어떻게 대할지는 그다음이다.

끝으로 출간까지의 여정에 도움을 주신 분들께 감사를 전하고 싶다. 먼저 초고를 꼼꼼히 살펴보고 지적해주신 손철배, 윤형진 선생님께 깊이 감사드린다. 저자의 아름답고 선동적인 단문(短文)에 홀려 번역을 결심했지만, 경제사 연구자로 문학성이 떨어지는 역자는 그저 감탄만 할 뿐 원서가 가진 간결함의 미학과 뛰어난 은유를 살리지 못했다고 내내 후회했다. 은유와 확실한 의미 전달 사이에서 늘 후자를 선택했던 것 같다. 그런 모든 어정쩡함을 두 분께서 지적해주셨다. 독자들께 "원서를 꼭 읽어보세요"라고 권하는 미욱함을 토로한다. 대신 역자 주를 최대한 충실하게 달아 도움을 드리고자 했다. 한양대학교 사학과 박사과정의 경후이는 역자의 주 작업에서 중국어 원문을 찾아주고 한자를 교정하는 등 역자에게 꼭 필요한 도움을 주었다. 찾기 힘든 정보까지 시간을 들여 꼼꼼히 찾아준 덕분에 역자 주가 훨씬 풍성해졌다. 또한 한양대학교 국문학과 박사과정의 강다은은 단순한 교정 수준이 아니라 번역에 고투하는 역자를 위해 한국어다운 윤문 작업을 해주었다. 두 연구 보조원에게 큰 신세를 졌음을 특별히 이야기하고 싶다. 그리고 한양대학교병원 재활의학과의 김미정 교수님과 전기치료실의 물리치료사 선생님들께도 감사드린다. 예상 밖의 무리를 하면서 이곳저곳 몸에 고장이 났다. 연구자로서의 수명 연장을 해주심에 감사할 따름이다. 마지막으로 뜬금없이 메일을 보내 이 책을 번역하고 싶다는 역자에게 흔쾌히 출간을 동의해주신 교유서가 신정민 대표께도 깊은 사의를 표한다.

도판 목록

1. **중국 지도** 014~015

2. **홍위병 완장을 찬 마오쩌둥** 054
   화이트 로터스 갤러리

3. **마오쩌둥, 린뱌오, 저우언라이가 「소홍서(小紅書)」를 흔드는 관리들에게 인사하는 모습** 063
   화이트 로터스 갤러리

4. **홍위병운동 해산 당시의 파벌주의 반대 포스터** 076
   화이트 로터스 갤러리

5. **〈소작료 징수 마당〉** 101
   화이트 로터스 갤러리

6. **농촌에서 공연하는 인민해방군 포스터** 106
   화이트 로터스 갤러리

7. **정치학습중인 다자이(大寨) 모범 생산대대의 농민들** 131
   화이트 로터스 갤러리

8. **천연두 예방 접종 포스터** 140
   화이트 로터스 갤러리

9. **농민 지도자로 밤을 새우며 공부하는 한 어머니의 포스터** 144
   화이트 로터스 갤러리

10. **해외 귀빈을 접대하고 있는 장칭** 173
    화이트 로터스 갤러리

11. **피플즈 샌드위치 오브 포틀랜드(Peoples Sandwich of Portland)의 전단지** 198
    피플즈 샌드위치 오브 포틀랜드 제공, 에런 드래플린(Aaron Draplin)과 맷 리드(Matt Reed)의 디자인

문화대혁명

THE CULTURAL REVOLUTION

초판 1쇄 발행 2024년 4월 23일
초판 2쇄 발행 2024년 6월 5일

지은이 리처드 커트 크라우스
옮긴이 강진아

편집 박민애 이고호
디자인 백주영
저작권 박지영 형소진 최은진 서연주 오서영
마케팅 김선진 김다정
브랜딩 함유지 함근아 고보미 박민재 김희숙 박다솔 조다현 정승민 배진성
제작 강신은 김동욱 이순호
제작처 한영문화사(인쇄) 한영제책사(제본)

펴낸곳 (주)교유당 **펴낸이** 신정민
출판등록 2019년 5월 24일 제406-2019-000052호
주소 10881 경기도 파주시 회동길 210
전자우편 gyoyudang@munhak.com
문의전화 031) 955-8891(마케팅)
031) 955-2680(편집)
031) 955-8855(팩스)

페이스북 @gyoyubooks
트위터 @gyoyu_books **인스타그램** @gyoyu_books

ISBN 979-11-93710-30-2 03910